O poder dos pais que oram

Um guia prático de intercessão por cada área da vida do seu filho

COLEÇÃO
Vida em família

ANA LAURA ALMEIDA

Vida

Vida
EDITORA VIDA
Rua Conde de Sarzedas, 246 — Liberdade
CEP 01512-070 — São Paulo, SP
Tel.: 0 xx 11 2618 7000
atendimento@editoravida.com.br
www.editoravida.com.br
@editora_vida /editoravida

O PODER DOS PAIS QUE ORAM

Todas as citações bíblicas e de terceiros foram adaptadas segundo o Acordo Ortográfico da Língua Portuguesa, assinado em 1990, em vigor desde janeiro de 2009.

■

As opiniões expressas nesta obra refletem o ponto de vista de seus autores e não são necessariamente equivalentes às da Editora Vida ou de sua equipe editorial.

Os nomes das pessoas citadas na obra foram alterados nos casos em que poderia surgir alguma situação embaraçosa.

Todos os grifos são do autor, exceto os indicados.

Direção: Renan Menezes
Editora-chefe: Sarah Lucchini
Gestora Vida Kids: Vitoria Reis
Coordenadora de projetos Vida Kids: Daniela Teles
Editor responsável: Paulo Peres
Assistente editorial: Larissa da Mata
Revisão gramatical: Rosalice Gualberto
Revisão de provas: Thaís P. Gomes
Coordenadora de design gráfico: Claudia Fatel Lino
Projeto gráfico e diagramação: Philipe Santos
Capa: Vanessa S. Marine

1. edição: jun. 2025
1ª reimp.: set. 2025

Dados Internacionais de Catalogação na Publicação (CIP)
(Câmara Brasileira do Livro, SP, Brasil)

Almeida, Ana Laura
O poder dos pais que oram : um guia prático de intercessão por cada área da vida do seu filho / Ana Laura Almeida. -- 1. ed. -- São Paulo: Editora Vida, 2025. -- (Coleção vida em família)

ISBN 978-65-5584-727-7
e-ISBN 978-65-5584-728-4

1. Filhos - Criação 2. Filhos - Vida religiosa 3. Oração - Cristianismo - Meditações 4. Oração - Ensino bíblico 5. Pais e filhos - Aspectos religiosos - Cristianismo I. Título. II. Série.

25-265189 CDD-248.32

Índice para catálogo sistemático:

1. Oração : Cristianismo 248.32
Aline Graziele Benitez - Bibliotecária - CRB-1/3129

Sumário

Dedicatória

Dedico este livro afetuosamente à minha mãe, pois sou fruto de suas orações e trabalho árduo. Seu maior desejo era transmitir um legado de fé a mim e a meus irmãos; ela não desistiu, e mesmo que aparentemente não visse frutos nem resultado, continuou investindo, orando e profetizando sobre a minha vida, até que um dia a semente floresceu.

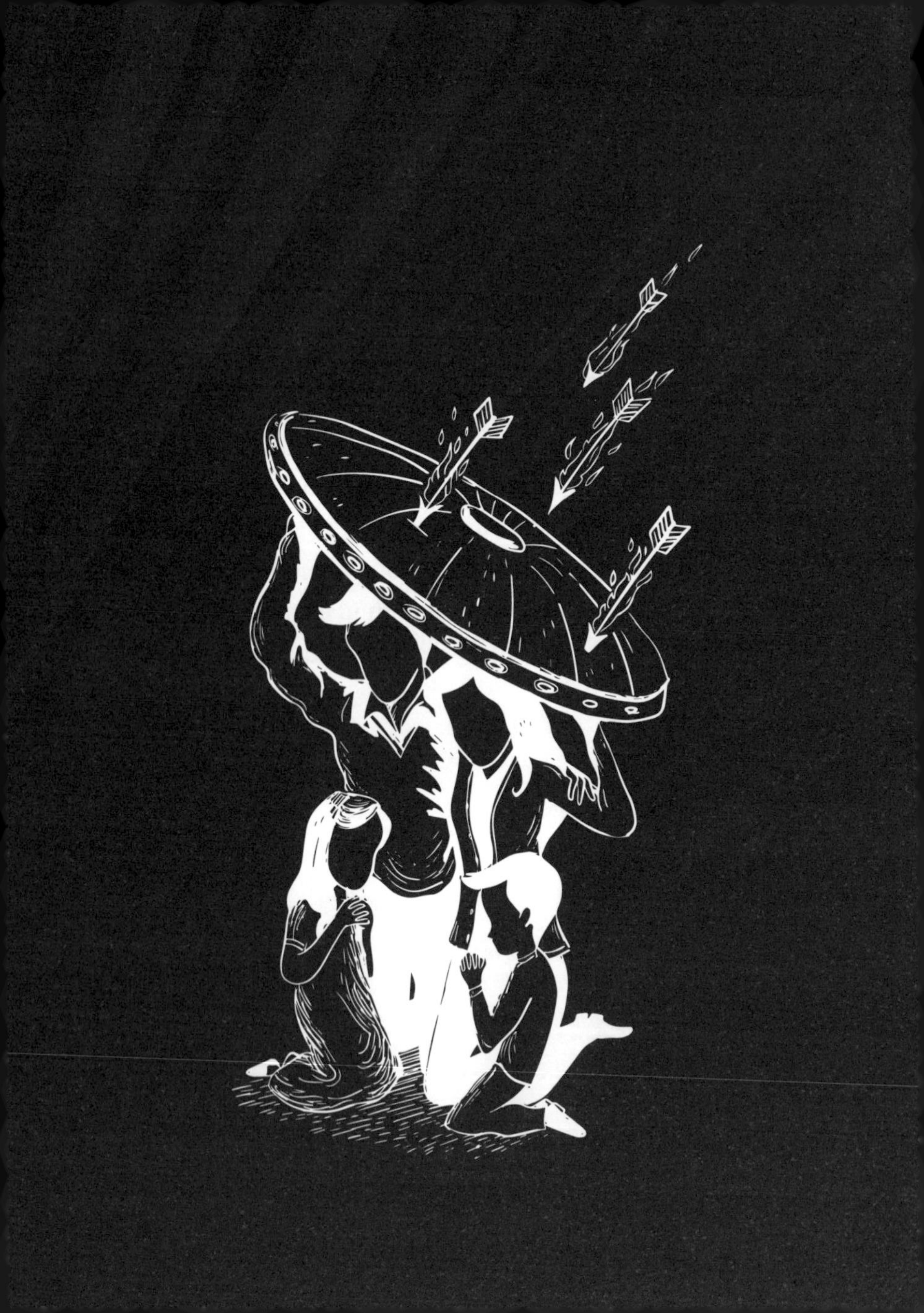

Agradecimentos

Agradeço ao Senhor, meu Amado Salvador, que me encontrou quando eu estava perdida e me resgatou. Por ele, para ele e por meio dele são todas as coisas.

Ao meu marido que é meu encorajador diário e não me deixou desistir, mesmo quando eu pensava não ser capaz; ele sempre me mostrou o contrário!

Aos meus filhos, Matheus, Samuel, Isabella e Luca, que são o motivo deste livro nascer, minhas flechas benditas que estão em minha aljava e que muito em breve, serão lançadas aos seus destinos proféticos.

Prefácio

Escrever este prefácio é uma das maiores honras da minha vida. Não apenas por ser o marido da autora, mas porque sou testemunha ocular – e de coração – de cada palavra que você está prestes a ler. Este livro nasceu das entranhas de uma mulher que vive com intensidade o que prega, que ora de joelhos, mas caminha com firmeza, que chora diante do Senhor e se levanta com força e coragem.

Ana Laura é minha esposa, minha companheira, mãe dos nossos quatro filhos e uma mulher cuja alma transborda fé, ternura e coragem. Ela não escreve apenas com conhecimento, mas com marcas. Marcas de noites em claro, de orações sussurradas entre lágrimas, de guerras travadas no mundo espiritual em favor daqueles que mais amamos: nossos filhos.

Em tantos momentos da nossa jornada, vi Ana se colocar na brecha, clamando a Deus pela vida dos nossos pequenos. Não como alguém que tem todas as respostas, mas como alguém que escolheu depender de quem as tem. Este livro é um reflexo disso: um chamado para pais e mães que desejam viver a maternidade e a paternidade como uma missão sagrada.

Você encontrará nestas páginas muito mais que ensinamentos – encontrará consolo, fé renovada, ferramentas espirituais e, sobretudo, esperança. Porque a oração de um pai ou de uma mãe pode atravessar tempos, romper impossibilidades e mudar destinos. E Ana não apenas acredita, mas vive isso.

Cada capítulo é como uma conversa entre amigos. Uma mão estendida a quem está cansado. Uma faísca acesa no coração de pais que acham que estão sozinhos. Este livro é um mapa para o lugar secreto – o lugar onde os milagres começam.

Como marido, digo com orgulho: Ana Laura é uma mulher de oração. Mas, como pai, digo com gratidão: este livro mudou a forma como eu oro pelos nossos filhos. E creio que fará o mesmo por você.

Então, leia com o coração aberto. Ore com coragem. Declare com fé. Porque seus filhos são uma herança do Senhor – e esta herança merece ser regada com as suas orações diárias.

Se você é pai, mãe, ou sonha em ser, receba este livro como uma bússola para os dias nublados e como uma chama para reacender sua fé. Deixe que cada capítulo o leve ao lugar secreto, onde as maiores batalhas são vencidas: aos pés do Pai.

Com amor, orgulho e gratidão.

Allan Almeida
Esposo da Ana Laura.
Pai de Matheus, Samuel, Isabella e Luca.

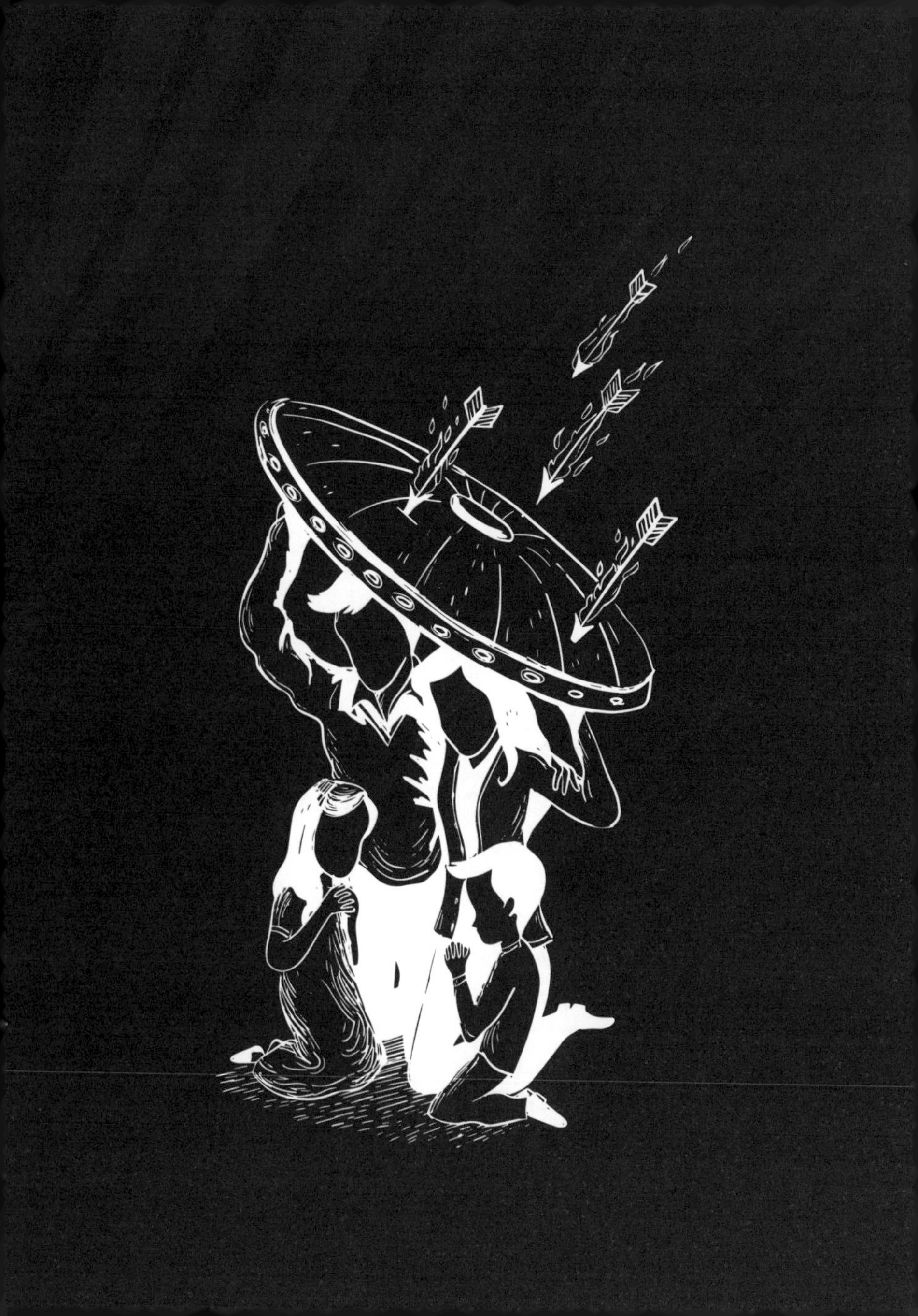

Introdução

Deus nunca nos dá algo sem antes nos capacitar para cuidar. Em minha juventude, lembro-me de sonhar com um casamento e a felicidade de ser mãe. Mas nunca passava pela minha cabeça se teria condições ou não de criar meus filhos. Na verdade, minha mente, juvenil e sonhadora, romantizava tudo. Era assim com você também? Eu sonhava com minha família sentada ao redor de uma mesa em um almoço alegre, repleto de risadas e conversas. Em outros momentos, eu me imaginava na cozinha, de avental, cantarolando enquanto preparava uma refeição, chamando meus filhos pelos nomes que já havia escolhido. Tudo parecia perfeito e eu mal podia esperar para viver aquilo.

O que ninguém havia me contado era que as coisas não aconteceriam exatamente como em meus sonhos. Quando voltamos da lua de mel, meu marido e eu nos deparamos com uma responsabilidade enorme: tínhamos um lar para edificar. Ele saía cedo para trabalhar, enquanto eu, recém-formada, dividia-me entre a procura por um emprego e os cuidados da casa. Assim, fui aprendendo a ser dona de casa.

Naquela primeira semana, minha mãe me ligou em lágrimas, afinal eu era a primeira filha a casar. No entanto, ela não estava triste, era um misto de sentimentos que não sabemos explicar, só quem casa um filho para entender. Do outro lado da linha, também não consegui conter o choro. Agora, já não tinha mais minha mamãe e meu papai; minha família era outra – meu marido e eu, e os filhos que viriam em um futuro breve. Tinha um lar para edificar, um casamento para regar e coisas da vida cotidiana que nunca havia parado para imaginar.

Durante a ligação, minha mãe disse algo que lembro até hoje: "Valeu a pena, filha, todas as orações que fiz ao Senhor por você. Ele foi fiel em responder cada uma delas". E é verdade. Deus realmente foi fiel. Se todo pai e mãe soubessem o poder que existe em suas orações, não deixariam de orar nem um dia sequer pelos seus filhos. Sou fruto das orações da minha mãe que, em sua simplicidade, intercedeu por mim nos meus piores anos da adolescência, quando me rebelei e dizia não crer em Deus. Minha mãe profetizava sobre a minha vida e dizia: "Meus filhos servirão ao Senhor, o fruto do meu ventre nasceu para servir a Deus". Dito e feito, tudo aconteceu exatamente como ela orou. Mesmo sem ter nenhuma perspectiva, ela creu.

De fato, a fé é o combustível que nos move. Lembra-se do que o anjo disse a Maria após dar a notícia de que ela seria protagonista do maior mover da história? "Bem-aventurada a que creu, porque serão cumpridas as palavras que lhe foram ditas da parte do Senhor" (Lucas 1.45, ARA). Justo ela, uma mulher simples, que sonhava em se casar e viver uma vida tranquila ao lado do marido, José, um homem também humilde, temente a Deus e que, provavelmente, não tinha em seus planos adotar uma criança que não havia gerado, muito menos deixar tudo para trás e se mudar para outro país. Uma verdadeira reviravolta em seus projetos.

No entanto, ao sonhar com o desígnio da criança que Maria estava gerando e receber uma direção do Senhor, José teve fé e obedeceu. Existem palavras liberadas sobre a vida de nossos filhos também. Se nos dispusermos a orar sobre isso, conseguiremos discernir a vontade do Senhor e ouvir a voz do Espírito Santo. Bem-aventurado é o pai e a mãe que crê, pois, por meio dele, Deus cumprirá todas as suas promessas. Você crê?

Lá estava eu, casada, enquanto um filme passava pela minha cabeça. Os primeiros anos de casamento voaram, e logo vieram os filhos, um atrás do outro. Enchi minha aljava com quatro flechas, junto das quais chegou o maior desafio da minha vida: educá-las nos caminhos do Senhor. Aquele sonho juvenil de um lar perfeito começou a ser confrontado com a realidade. A esposa feliz que cantarolava enquanto cozinhava não era algo que acontecia com frequência. Ela aparecia de vez em quando, mas, na maioria dos dias, era uma mulher cansada, com filhos pequenos, noites sem dormir, uma casa bagunçada e um desejo no coração: que seus pequeninos servissem ao Senhor e o amassem de todo o coração.

Deus havia me confiado joias preciosas e, pela primeira vez, senti o peso da responsabilidade de educá-los. Mas, logo nos primeiros meses de vida de cada um dos meus filhos, coloquei em prática o que havia aprendido com minha mãe: orava por eles todos os dias, com intencionalidade e fé. Como mencionei no início, tudo o que o Senhor nos dá para fazer, ele também nos capacita. Educar filhos é um ministério que consiste em criar vidas para a glória de Deus. Portanto, ele já liberou sobre nós toda a unção de que precisamos para cumprir essa missão.

Sem dúvida, no exercício de nossa função como pais, enfrentaremos – ou talvez você já esteja enfrentando – muitos desafios. É inevitável que eles apareçam ao longo do caminho. Por isso, precisamos aprender a interceder por eles e a profetizar sobre a vida deles. A oração não deve ser vista como um último recurso, mas como o primeiro. Não podemos nos lembrar de orar apenas quando tudo está ruim ou quando nos deparamos com situações difíceis. Sem dúvida, oraremos também em momentos assim, mas tudo o que fazemos deve começar na oração.

Pais que dependem de Deus oram, porque a oração é o sinal de que precisam do Senhor para tudo. Pais que oram são mais conscientes de seu chamado, têm mais sabedoria e são conduzidos pelo Espírito Santo. No entanto, surge uma dúvida: como orar pelos filhos? Durante todos esses anos trabalhando com famílias, uma das queixas que mais recebo, em especial de mães, é justamente essa dificuldade. Muitas não sabem como começar a interceder por seus filhos. Sentem-se perdidas diante de tantas necessidades e preocupações. Como orar pelos estudos, amizades, escola e futuro cônjuge? Eu sei, queremos cobrir todas as áreas da vida de nossos filhos em oração, mas, às vezes, faltam palavras.

Contudo, precisamos entender que a oração mais poderosa é aquela que está alinhada com a Palavra do Senhor. A Bíblia está repleta de promessas direcionadas a pais e filhos. Cabe a nós conhecê-las e declará-las, uma a uma. Gosto de chamar isso de "orar a Palavra", e esse exercício diário é transformador. Não se preocupe, durante a leitura deste livro, você aprenderá a orar de maneira efetiva pelos seus filhos. Juntos, capítulo por capítulo, conheceremos as promessas divinas e o poder que opera por meio de pais que intercedem com fé. Este livro é um manual que levará você ao lugar secreto, onde verá cada um de seus pedidos atendidos. Prepare-se, pois sua vida nunca mais será a mesma após a leitura destas páginas.

Capítulo 1

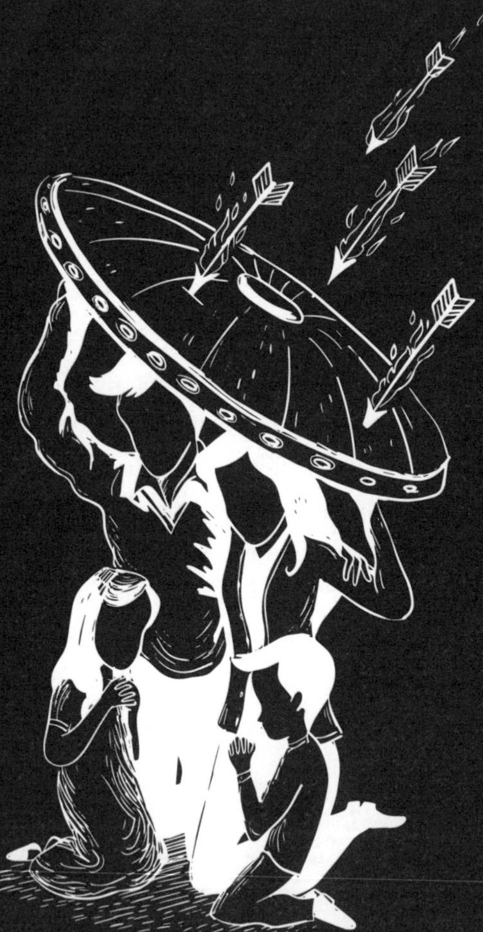

Por onde começar?

Eu me converti aos 16 anos de idade. A experiência que tive com Deus foi tão profunda que, a partir daquele momento, não queria fazer mais nada além de servi-lo com todas as minhas forças e tudo o que tinha. Era o ano de 2000; naquela época, havia um grande mover espiritual acontecendo no meio dos jovens e adolescentes. Eu morava no interior de São Paulo, em uma cidade chamada Guaratinguetá, e, todo final de semana, fazia questão de ir para a capital participar dos cultos da minha igreja.

Em janeiro do ano seguinte, ainda com 16 anos e cursando o último ano da escola, comecei o primeiro ano do seminário pastoral. Mudei-me, então, para São Paulo e fui morar na casa dos seminaristas. Eu era a mais nova da turma e, por ser nova na fé, tinha muita fome por Deus. Em pouco tempo, já havia lido a Bíblia toda, mas o que mais me impressionava era a rapidez com que o Senhor transformava minha vida. Certo dia, em um devocional, precisávamos orar por uma hora. No início, era por obrigação, mas depois aquilo se tornou um hábito, até que não via a hora de chegar esse momento em que teria meu tempo com o Senhor.

Como assim orar por uma hora? Talvez você esteja pensando: "Como alguém consegue orar por tanto tempo sem parar?". O que eu tinha tanto para falar? Quem ainda é novo na fé pode ter esse tipo de questionamento, mas conforme nos apaixonamos por Jesus, a oração se torna algo prazeroso. No seminário havia, inclusive, uma matéria chamada "Disciplinas espirituais", que me ensinou a compreender a oração como uma prática indispensável na vida cristã.

Sem sombra de dúvida, a oração é algo poderoso. Quando oramos com fé, ligamos na terra o que está ligado no céu. Jesus é o maior exemplo de alguém que valorizava o tempo com Deus em oração. Ele, que era Deus encarnado, e, em teoria, não precisava orar, escolheu mostrar-nos, por meio de sua vida, a importância da oração. Em várias passagens dos evangelhos, vemos Jesus se afastando das multidões e até mesmo dos discípulos para ter um momento a sós com o Senhor.

Nossa vida é corrida demais, para não dizer frenética. Entramos no piloto automático e não paramos para fazer o que realmente importa. Vivemos ocupados com tantas demandas e responsabilidades que perdemos facilmente o foco do que deveria ser nossa prioridade. Esses dias li uma frase de Craig

Groeschel[1] que me deixou reflexiva: "Líderes ocupados não mudam o mundo, mas sim líderes focados". Portanto, não permita que a correria do dia a dia roube seu tempo de oração pelos seus filhos. Não seja tão ocupado ao ponto de negligenciar aquilo que é, de fato, a coisa mais importante que você poderá fazer por eles.

Como mencionei, a Bíblia nos mostra que Jesus frequentemente se retirava para orar. Lemos isso, por exemplo, em Mateus 14.23, "E, despedidas as multidões, subiu ao monte, a fim de orar sozinho. Em caindo a tarde, lá estava ele, só" (ARA) ou Marcos 6.46, "Depois de se despedir de todos, subiu sozinho ao monte para orar" (NVT). Esses versículos nos ensinam que a oração não é algo que fazemos apenas quando há tempo sobrando, mas uma prioridade que deve estar acima das demandas do dia a dia. Se Jesus retirava-se para orar, quanto mais nós devemos seguir seu exemplo e buscar em Deus força, sabedoria e direção para tudo que enfrentamos.

No início de seu ministério, antes de uma das decisões mais importantes que precisou tomar, Jesus passou a noite em oração para ouvir a voz do seu Pai. "Naqueles dias,

[1] Craig Groeschel é o fundador e pastor sênior da Life.Church, uma comunidade cristã conhecida por sua inovação e impacto global. Ele é autor de diversos livros best-sellers, palestrante motivacional e criador do aplicativo YouVersion Bible App, amplamente utilizado no mundo. Groeschel é reconhecido por sua abordagem prática à liderança e por sua dedicação ao desenvolvimento pessoal e espiritual.

retirou-se para o monte, a fim de orar, e passou a noite orando a Deus. E, quando amanheceu, chamou a si os seus discípulos e escolheu doze dentre eles, aos quais deu também o nome de apóstolos" (Lucas 6.12-13, ARA). Sempre me emociono quando leio esse texto, pois ele nos revela o Deus que se fez homem, cheio de graça e verdade, como escreveu o apóstolo João, e que, mesmo assim, parou para orar pelos seus discípulos. Jesus era o próprio Deus, ele e o Pai eram um, contudo:

> Embora sendo Deus, não considerou que ser igual a Deus fosse algo a que devesse se apegar. Em vez disso, esvaziou a si mesmo; assumiu a posição de escravo e nasceu como ser humano. Quando veio em forma humana, humilhou-se e foi obediente até a morte, e morte de cruz.
>
> FILIPENSES 2.6-8, NVT

Aquele que não precisava orar, orou. Cristo nos mostrou que a oração é o caminho para sermos bem-sucedidos em todas as áreas da nossa vida, inclusive na criação de filhos. Como pais, precisamos dedicar tempo para interceder por nossos filhos. Eles são uma herança preciosa que recebemos de Deus, e é nossa responsabilidade prepará-los para o propósito que o Senhor designou para eles.

Portanto, quanto tempo você está disposto a orar pelos seus filhos? No filme *A forja*, dirigido por Alex Kendrick, ouvi uma frase que me impactou: "Não podemos tratar a oração como o pneu estepe que só usamos em emergências, mas como um volante que seguramos firme todos os dias". Você não precisa orar uma hora por dia, mas um pouco todos os dias já fará a diferença para sua família. Apenas comece. Separe alguns minutos para isso. No final deste livro, você encontrará orações específicas para cada área da vida de seus filhos, todas baseadas na Palavra do Senhor e nas promessas dele para sua família.

Não é fácil se manter vigilante em oração, eu sei. Quem não se lembra de Mateus 26.36-46? No jardim do Getsêmani, em um dos momentos mais angustiantes da vida de Jesus, ele pediu aos discípulos que orassem. No entanto, apesar da urgência e gravidade da situação, eles não conseguiram permanecer acordados. Três vezes Cristo voltou e os encontrou dormindo. Foi quando disse: "[...] O espírito está pronto, mas a carne é fraca" (Mateus 26.41).

É justamente por isso que precisamos orar. Existem muitas coisas que competem com a oração, mas as principais são: nossa carne, a preguiça, a indisposição, a falta de tempo e as demais prioridades. Tudo isso ocupa espaço em nossa vida e desvia nossa atenção do que realmente importa. Por isso, deixarei aqui algumas dicas práticas que ajudarão você a manter a constância:

Organize sua rotina e inclua um momento de oração.

No meu caso, sempre faço meu devocional pela manhã. Acordo mais cedo e separo um tempo para orar e ler a Bíblia. Claro, você não precisa necessariamente fazer isso pela manhã, mas escolha o horário que melhor se adapta à sua rotina. O importante é ter esse momento com o Senhor. Como sou pastora de uma igreja, é raro ter noites livres. Por isso, se deixo para fazer meu devocional à noite, acaba não dando certo. De manhã, no entanto, não tem erro. Essa é uma dica que gosto de compartilhar, às vezes, acordar 30 minutos mais cedo já faz uma diferença enorme na sua vida.

Leia a Bíblia todos os dias.

Siga um plano de leitura anual ou comece pelo Novo Testamento, lendo um capítulo por dia. Hoje em dia, existem várias versões bíblicas de fácil compreensão. Inicie seu devocional lendo a Palavra, pois é por meio das Escrituras que sua mente será renovada. Ore e peça ao Espírito Santo que o ajude a entender não apenas o que está escrito, mas também o que ele quer revelar ao seu coração. Muitos pais desejam que seus filhos desenvolvam o hábito de leitura bíblica, mas eles mesmos não dão esse exemplo. Nunca se esqueça, ensinamos mais pelo exemplo do que por palavras. Seja um modelo de alguém que ama a Bíblia e a lê todos os dias.

Coloque uma canção que exalte a Jesus.

Após a leitura da Palavra, faça uma oração. Colocar um louvor para tocar pode ajudar, não que seja necessário, mas para algumas pessoas, a música facilita o fluir da oração. Hoje em dia, existe uma variedade imensa de músicas cristãs; contudo, encontre canções que exaltem a Jesus. Como diz meu amado pastor: "Escute canções ungidas". Cante junto com a música e erga um altar de adoração na sua casa.

Apresente suas necessidades ao Senhor.

Não podemos viver ansiosos ou preocupados com coisa alguma. Muitas vezes, reclamamos, murmuramos, e até dormimos com pontadas no peito. Conversamos com nosso cônjuge, pais, pastores e amigos, mas esquecemos de levar nossas necessidades ao Senhor. Lembre-se do que o apóstolo Paulo escreveu para a igreja em Filipos:

> Não vivam preocupados com coisa alguma; em vez disso, orem a Deus pedindo aquilo de que precisam e agradecendo-lhe por tudo que ele já fez. Então vocês experimentarão a paz de Deus, que excede todo entendimento e que guardará seu coração e sua mente em Cristo Jesus.
>
> Filipenses 4.6-7, NVT

Não tenha receio de apresentar seus problemas e necessidades ao Senhor. Ele nos prometeu que, ao fazermos isso, teríamos uma paz que o mundo não é capaz de entender – algo sobrenatural, que não depende de circunstâncias. É importante lembrar que a paz, no caso, não é a ausência de guerra, mas Cristo. Ou seja, mesmo em meio a uma guerra podemos encontrar em Jesus repouso, paz e alegria.

Ore declarando a Palavra.

A oração mais poderosa é aquela que está alinhada com a Palavra. Ao orar, você pode declarar as promessas deixadas pelo Senhor tanto para a sua vida quanto para a dos seus filhos. Chame à existência o cumprimento do que Deus prometeu. Ore com fé, sem duvidar que o Senhor fará infinitamente mais daquilo que você pode pedir, pensar ou imaginar.

Além do seu tempo diário e individual de oração, aproveite momentos pontuais para orar com seus filhos – antes de saírem para a escola, na hora das refeições, antes de dormirem, nos momentos em que estiver fazendo um devocional em família ou em cultos domésticos. Seja intencional; ensine seus filhos a orar. Essas dicas simples podem ajudar você a começar a ter uma vida diária de oração. Portanto, seja perseverante, não desanime. Ainda que os resultados não sejam imediatos, os frutos virão no tempo certo.

CAPÍTULO 2

A oração do justo

Durante o momento do apelo em um culto na igreja que eu e meu marido pastoreamos, uma moça se aproximou de mim pedindo oração. Ela sofria há meses com uma infecção urinária e desejava ser curada. Orei por ela e, então, disse: "Receba sua cura!". No entanto, ela, aflita, perguntou: "Mas, pastora, e se Deus não quiser me curar?". Confesso que fiquei perplexa. Não por acreditar que o Senhor obrigatoriamente realizará um milagre toda vez que orarmos, mas pelo fato de ela pensar que ele pudesse querer algo que não fosse para o bem dela.

Infelizmente, não é raro que nos sintamos assim diante de certas situações. Às vezes, somos dominados por sentimentos de intimidação, culpa ou até mesmo vergonha. Como consequência, sucumbimos à dúvida e hesitamos em orar e, quando isso acontece, acabamos permitindo que a incredulidade tome conta da nossa mente. Neste capítulo, porém, falarei sobre alguns fundamentos cristãos que ajudarão você a ter fé e a orar com ousadia. Creio que, além de ser fortalecido, você conseguirá compreender qual é sua posição diante de Deus.

Entenda de uma vez por todas: *você é amado*. Jesus se fez maldição para nos libertar da maldição da lei. Ele carregou nossas enfermidades para que fôssemos curados e entregou sua própria vida a fim de nos redimir. Como alguém poderia pensar que ele não deseja nosso bem? Todo pecador que se aproximou de Cristo recebeu um milagre, exceto os fariseus, pois não criam que ele era o Filho de Deus.

Existe uma promessa na Palavra dizendo que, como filhos, podemos levar nossos pedidos ao Pai em oração. Jesus disse: "Peçam, e receberão. Procurem, e encontrarão. Batam, e a porta lhes será aberta. Pois todos que pedem, recebem. Todos que procuram, encontram. E, para todos que batem, a porta é aberta" (Mateus 7.7-8, NVT). O problema é que, em certos momentos, não temos fé para pedir porque temos uma crença errada a respeito de Deus ou de nós mesmos – não nos sentimos merecedores para pedir algo ao Senhor.

Você crê que a vontade de Deus é sempre boa, perfeita e agradável? Crê que ele o ama e deseja abençoá-lo? É preciso crer. Lembre-se, uma crença correta produz um comportamento correto, enquanto uma crença errada, um comportamento errado. O que você crê? Se acredita que Deus está bravo com você, esperando qualquer escorregão seu para o amaldiçoar com uma praga ou doença, com certeza, não conseguirá orar. Deus não é assim.

Na cruz, Jesus levou sobre si toda a ira de Deus que era destinada a nós. Por isso, hoje podemos receber favor do alto, não porque merecemos, mas pela graça. O Senhor transforma maldição em bênção, morte em vida, como no caso do leproso que perguntou a Jesus: "Senhor, se quiser, pode me curar e me deixar limpo" (Mateus 8.2, NVT).

Ele não tinha dúvidas de que Jesus podia curá-lo, mas não sabia se Jesus queria fazê-lo. Humanamente falando, aquele homem não tinha mérito nenhum para pedir nada, mas qual foi a resposta que ele recebeu? Jesus estendeu a mão e tocou nele. "Eu quero", respondeu. "Seja curado e fique limpo!" (Mateus 8.3, NVT). Essa resposta demonstra a vontade do Senhor de sempre desejar nos abençoar.

Ao olhar para você, o Senhor diz: "Quero curá-lo", "Quero que você seja livre", "Quero que você seja salvo", "Quero que cumpra seu propósito na terra", "Quero salvar seus filhos", "Quero que sua família seja abençoada". Essa sempre será a vontade de Deus. Foi por isso que ele enviou seu Filho: para nos salvar e nos conceder sua herança. Não tenha dúvida de que o Senhor deseja abençoar você e sua casa. Pergunte a si mesmo: o que você precisa que ele faça por você e pela sua família hoje? Peça com sinceridade e humildade, pois todo aquele que pede, recebe (cf. Mateus 7.8). Não desista dos alvos pelos quais você tem orado. Mesmo que pareça difícil, insista em orar ao Senhor. Bata e a porta se abrirá.

Foi exatamente isso que respondi àquela moça naquela manhã de domingo. Nunca duvide que seu Pai celestial tem coisas boas para você. Ele é um Deus de amor, que tem pensamentos de paz e não de mal. Expliquei a ela que a crença correta produziria fé para ela orar e se achegar ao Senhor. De fato, quando entendemos quem ele é, isso nos encoraja a nos aproximarmos dele. Afinal, como Paulo nos lembra em Romanos 8.32: "Se ele não poupou nem mesmo seu próprio Filho, mas o entregou por todos nós, acaso não nos dará todas as outras coisas?" (NVT).

Se Deus não negou o que tinha de mais precioso – seu próprio filho –, o que ele nos negaria? Nada está fora do alcance do Senhor. Portanto, nunca duvide do amor dele. Não são circunstâncias que determinam o quanto somos amados, mas a cruz. Foi ali, por meio do sacrifício de Cristo, que o Pai demonstrou o quanto nos ama. Mesmo quando ainda éramos pecadores e inimigos de Deus, ele nos amou. Quando compreendemos essa verdade, tudo muda. Quem ainda tem dúvidas sobre o amor de Deus dificilmente conseguirá orar com fé. Nunca se esqueça, você é amado e Deus quer abençoar não somente você, mas toda a sua casa.

Além de ser amado, você também é *perdoado e justificado* diante de Deus. Existe uma diferença entre nosso estado momentâneo e nossa posição. Durante o dia, podemos passar por várias situações que alteram nosso estado. Por exemplo, ontem acordei feliz e disposta. Fiz meu devocional, orei e li minha Bíblia. Estava super animada, pronta para o dia. Preparei o café da manhã e acordei meus filhos.

Tudo parecia ir bem, mas logo percebi que o mais novo havia acordado emburrado. Ele tinha ido dormir tarde na noite anterior, o que, claro, afetou sua rotina da manhã. Quando disse que ele precisava comer rápido para não perder a hora da escola, ele ficou ainda mais irritado, levantou-se da mesa e disse que não queria ler a Bíblia comigo. Naquele momento, fiquei brava, mas já havia aprendido a escolher minhas batalhas, e não estava disposta a travar aquela guerra logo cedo. Respirei fundo e me acalmei, porém, admito que meu estado não era mais o mesmo de quando havia acordado.

Para piorar um pouco a situação, era dia de ir ao supermercado fazer compras –uma tarefa que, definitivamente, não está entre as minhas preferidas, mas que precisa ser feita, não tem outro jeito. Após percorrer os corredores do mercado, pegar tudo o que estava na lista e organizar as compras nas sacolas, finalmente, cheguei ao caixa. No momento em que estava pagando, uma sacola virou, e era justamente a de frutas.

Ao ver as laranjas, bananas e tomates esparramados pelo chão, pensei: "Não acredito!".

Eram inevitáveis os olhares fulminantes de quem estava na fila atrás de mim, esperando para ser atendido. A funcionária do caixa, muito prestativa, levantou-se para me ajudar e isso foi a gota d'água para os outros. Uma moça gritou da fila, pedindo que ela continuasse o atendimento e me deixasse ali sozinha resolvendo meu problema, e isso também me irritou. Onde já se viu tanta falta de empatia? Saí do mercado estressada, cheguei em casa e fui preparar o almoço. Estava com pressa, pois tinha um compromisso. Meu marido tinha acabado de chegar e, sem oferecer ajuda, perguntou se o almoço estava pronto. Coitado, nem preciso contar o que aconteceu, não é?

Descontei toda a minha raiva acumulada naquele dia no pobre do meu marido. Qual era o meu estado no momento? Estava envergonhada, preparando-me para pedir perdão, com o coração pesado e me sentindo mal pela maneira como havia me comportado. Porém, meu estado não altera minha posição. Independentemente de como me sinta, sou justificada diante de Deus. Sei que é difícil de entender, mas é isso que a Bíblia diz: "[...] mas fostes justificados em o nome do Senhor Jesus Cristo e no Espírito do nosso Deus" (1Coríntios 6.11, ARA).

Não tem a ver com nosso comportamento, nem com merecimento ou obediência à Lei. É pela graça, um dom de Deus.

Algo que nos foi concedido pelo que Cristo fez na cruz. Como está escrito em Gálatas 2.16: "E, no entanto, sabemos que uma pessoa é declarada justa diante de Deus pela fé em Jesus Cristo, e não pela obediência à lei. E cremos em Cristo Jesus, para que fôssemos declarados justos pela fé em Cristo, e não porque obedecemos à lei" (NVT).

Essa verdade é tão poderosa que o profeta Isaías profetizou tudo o que aconteceria: "Quando ele vir tudo que resultar de sua angústia, ficará satisfeito. E, por causa de tudo que meu servo justo passou, ele fará que muitos sejam considerados justos, pois levará sobre si os pecados deles" (Isaías 53.11, NVT). A justificação vai muito além do perdão. Além de sermos perdoados, somos também justificados. Isso significa que em Cristo você é declarado justo, não pela sua justiça, mas pela de Cristo, pelo que ele fez por você no Calvário. Ele perdoou seus pecados e justificou você.

Imaginem um ladrão sendo julgado em um tribunal. Todos os fatos estão contra ele, e a sentença, sem dúvida, será a prisão. Contudo, ele tem um bom advogado que comprou sua causa e se dispôs a cumprir a pena. O juiz, então, perdoa o ladrão, mas ele não será somente um ladrão perdoado; ele será também declarado justo, como se nunca tivesse roubado. Tudo por conta do advogado que o representou e sofreu a condenação em seu lugar.

Nós somos o ladrão dessa história. Estávamos condenados à morte eterna, pois o salário do pecado é a morte (cf. Romanos 6.23), mas Jesus entrou em cena como nosso advogado. Ele se apresentou diante de Deus, tomou nossa causa para si e sofreu a condenação. Fomos perdoados e, também, justificados. Essa é a nossa posição diante do Senhor, e não há nada que possamos fazer que a altere.

Você não precisa mais viver atormentado, com medo de Deus ou tentando buscar a aprovação dele. Em Cristo, você pode viver em paz. Afinal, "[...] uma vez que pela fé fomos declarados justos, temos paz com Deus por causa daquilo que Jesus Cristo, nosso Senhor, fez por nós" (Romanos 5.1, NVT). Não viva debaixo de acusação, pois isso produzirá incredulidade. Mesmo nos dias em que seu estado não estiver bom – quando você pecar ou falhar com seu cônjuge ou filhos –, lembre-se do seu advogado:

> Meus filhinhos, escrevo-lhes estas coisas para que vocês não pequem. Se, contudo, alguém pecar, temos um advogado que defende nossa causa diante do Pai: Jesus Cristo, aquele que é justo. Ele mesmo é o sacrifício para o perdão de nossos pecados, e não apenas de nossos pecados, mas dos pecados de todo o mundo.
>
> 1João 2.1-2, NVT

Essa certeza nos dá ousadia e fé para orarmos. Não nos aproximamos de Deus com medo de sermos castigados, mas com a convicção de filhos amados, pois somos aperfeiçoados em seu amor. Essa segurança permite que nos acheguemos ao Senhor, não apoiados em nossos próprios méritos, mas na justiça de Cristo. Portanto, tenha convicção desse amor e ande firmado nessa verdade. Como podemos ler em Hebreus 4.14-16:

> Visto, portanto, que temos um grande Sumo Sacerdote que entrou no céu, Jesus, o Filho de Deus, apeguemo-nos firmemente àquilo em que cremos. Nosso Sumo Sacerdote entende nossas fraquezas, pois enfrentou as mesmas tentações que nós, mas nunca pecou. Assim, **aproximemo-nos com toda confiança do trono da graça, onde receberemos misericórdia e encontraremos graça para nos ajudar quando for preciso.**
>
> NVT – GRIFO DA AUTORA

Cristo mudou nossa história e nos concedeu completo acesso ao Pai, cujos olhos estão sobre nós e cujos ouvidos estão abertos para ouvir nossas orações (cf. 1Pedro 3.12a). E mais do que isso, existe poder na oração. Não é apenas uma conversa com Deus, mas um meio pelo qual o Céu invade a terra e transforma circunstâncias – "a oração de um justo tem grande poder e produz grandes resultados" (Tiago 5.16b, NVT).

Imagino que você deseja ter bons resultados em todas as áreas da sua vida, em especial na educação de seus filhos. Afinal a família é o nosso maior empreendimento. Para isso, não precisamos de autoajuda, mas de ajuda do alto. Os grandes resultados que desejamos alcançar na vida começam com a oração. Precisamos gerar nossos sonhos em oração; é ela que produz grandes resultados.

Hoje em dia, os púlpitos das igrejas estão cheios de mensagens de autoajuda. Dez passos para você se tornar uma mãe melhor, cinco passos para ser um empreendedor de sucesso e por aí vai. Não que essas dicas sejam ruins; elas têm o seu valor, mas a verdade é que a Palavra de Deus é imutável, e o que realmente produz sucesso em nossa vida é ter uma vida centrada em Cristo e dependente dele em oração.

Você se lembra de quando o profeta Elias orou para que não chovesse? A Bíblia nos diz que ele "[...] era humano como nós e, no entanto, quando orou insistentemente para que não caísse chuva, não choveu durante três anos e meio. Então ele orou outra vez e o céu enviou chuva, e a terra começou a produzir suas colheitas" (Tiago 5.17-18, NVT). Assim como Elias teve sucesso, também podemos orar e ver nossos pedidos atendidos. Porém, se orarmos sem fé, estaremos propensos a desanimar. O que tira nossa fé é a condenação e a acusação, mas lembre-se: você é justo diante de Deus. Por isso, assuma essa posição de justiça e comece a orar com fé pelos seus filhos e alvos.

No Antigo Testamento, "sucesso" no original hebraico é *qarah*, termo frequentemente usado para explicar acontecimentos ordenados por Deus. A primeira menção é em Gênesis 24.12, quando Abraão enviou seu servo para conseguir uma noiva para seu filho, Isaque. O servo não sabia qual seria a moça certa, então orou: "*Ó Senhor, Deus do meu senhor Abraão, por favor, dá-me sucesso hoje e sê bondoso com o meu senhor Abraão*" (NVT). A frase "por favor, dá-me sucesso" destaca a palavra *qarah*. O servo pediu a Deus que lhe desse *qarah* – ou seja, que o direcionasse, a fim de que estivesse no lugar certo e na hora certa.

Se você ler toda a história, verá como o servo de Abraão foi bem-sucedido em sua missão. Mas o mais interessante nessa história é a postura do servo. Ele orou pela ajuda e intervenção de Deus. Em outras palavras, teve uma postura de humildade, em vez de tentar resolver a questão por conta própria – o que serve de exemplo para nós. Todos precisamos do Senhor em nossa vida diária. Não importa o quão inteligentes sejamos, não podemos nos colocar no lugar certo na hora certa o tempo todo. Somente o Senhor pode fazer isso por nós e por nossos filhos.

Todo dia, abençoo meus filhos antes de saírem para a escola e humildemente peço ao Senhor que seu *qarah* esteja sobre eles, para que o favor e as conexões do Céu possam acontecer. A verdade é simples, se permanecermos em humildade e confiarmos no Senhor para obter sabedoria, orientação e entendimento, com certeza ele nos guiará e protegerá, além de nos dar favor e sucesso em tudo o que fizermos. Orar denota adotar uma postura de humildade. Quando oramos, é como se estivéssemos dizendo a Deus: "Pai, não posso, mas tu podes".

É por isso que gosto de orar o salmo 91. É uma oração de proteção, mas não como uma reza e, sim, como uma declaração de fé. Quando fazemos essa oração, estamos dizendo: "Senhor, não podemos nos proteger, mas tu podes. Nós nos humilhamos diante de ti. Seja nosso refúgio, nossa fortaleza e nosso Deus. Cremos que o Senhor protegerá a nós e aos nossos filhos, e que nos livrará do mal nesses tempos difíceis. Ajuda-nos a estar no lugar certo na hora certa e com as pessoas certas". Amém? Faça essa oração hoje e entregue sua família a ele. Peça que o Senhor direcione você o tempo todo, em nome de Jesus.

CAPÍTULO 3

Palavras são sementes

Sou uma pessoa muito observadora, mas quando vejo algo que não me agrada ou que me preocupa na vida de alguém, eu me calo – a menos que essa pessoa me dê liberdade para falar. Só então compartilho o que observo, com o objetivo de ajudá-la a enxergar o que ela pode mudar para seu próprio bem. Nós, pastores, presenciamos muitas coisas e lidamos com pessoas de todos os perfis. Um tipo com o qual estou acostumada a lidar é a figura materna. É até engraçado dizer isso, mas sou rodeada de mães. Além de ser uma, pastoreio e acompanho muitas mulheres que estão exercendo sua maternidade.

Nessa jornada pastoral, já me deparei com inúmeras situações. Porém, uma, em especial, que sempre me entristece é quando presencio uma mãe amaldiçoando seu filho com palavras. Depois, essas mesmas mães vêm pedir oração para Deus mudar a criança. Frases como "Esse menino é terrível!" ou "Oh, menino difícil e desobediente!" parecem comuns e são ditas cotidianamente por muitas mães. Isso sem mencionar outras que prefiro não escrever aqui. São palavras de morte que nunca produzirão mudanças.

Lembro-me de um dia em que estávamos em um evento da igreja. Uma criança de 3 anos corria pelo salão, toda eufórica e feliz. No entanto, percebi que a mãe estava incomodada com a gritaria e o corre-corre das crianças. Ela gritou com sua filha, segurou na mão da menina e disse para mim: "Nossa, ela está terrível hoje!". Alguns dias depois, recebo essa mulher para um aconselhamento pastoral e ela me pede para orar pela filha que estava muito desobediente. Fiquei pensando se falava ou não o que estava em meus pensamentos. No final, acabei falando. Expliquei a ela que, como pais, precisamos estar atentos às palavras que usamos para descrever nossos filhos. Não podemos rotulá-los, pois eles são especiais para Deus.

A diferença entre rótulo e identidade

O que são rótulos?

Rótulos são apelidos pejorativos que colocamos nas pessoas em virtude de suas atitudes. Por exemplo: preguiçoso, desobediente, mentiroso, menino difícil, burro, insuportável, bagunceiro, desorganizado, tímido e tantos outros. Uma das razões para evitar rótulos é que comportamentos ruins não podem definir a identidade de uma pessoa. Seus filhos podem ter um comportamento desobediente em algum momento, mas isso não significa que sejam desobedientes. Portanto, nunca diga isso a eles.

Podemos corrigir comportamentos, sem ferir a identidade. Em vez de dizer: "Você é desobediente", diga: "Você está agindo com desobediência, mas você não é assim, esse comportamento não combina com você, pois você é obediente". A Bíblia nos ensina em Efésios 4.29: "Não saia da vossa boca nenhuma palavra torpe, e sim unicamente a que for boa para edificação, conforme a necessidade, e, assim, transmita graça aos que ouvem" (ARA). Ou seja, nossas palavras devem ser usadas para construir, nunca para destruir.

No original grego, a palavra "torpe" usada nesse versículo é *sapros*, que significa "apodrecido, podre, impróprio para uso, sem valor". Veja o que está escrito na versão NVT: "Evitem o linguajar sujo e insultante. Que todas as suas palavras sejam boas e úteis, a fim de dar ânimo àqueles que as ouvirem". Temos que tomar cuidado com o que dizemos para nossos filhos – não pode ser algo insultante, mas sim bom e útil, para gerar ânimo. Quando usamos um linguajar impróprio e rotulamos nossos filhos de maneira negativa, produzimos o contrário: desânimo. Nossas palavras têm poder, e isso é bíblico:

> [...] Se pudéssemos controlar a língua, seríamos perfeitos, capazes de nos controlar em todos os outros sentidos. Por exemplo, se colocamos um freio na boca do cavalo, podemos conduzi-lo para onde quisermos. Observem também que um pequeno leme faz um grande navio se voltar para onde o piloto deseja, mesmo com ventos fortes. Assim também, a língua é algo pequeno que profere discursos grandiosos. Vejam como uma simples fagulha é capaz de incendiar uma grande floresta. E, entre todas as partes do corpo, a língua é uma chama de fogo. É um mundo de maldade que corrompe todo o corpo. Ateia fogo a uma vida inteira, pois o próprio inferno a acende. O ser humano consegue domar toda espécie de animal, ave, réptil e peixe, mas ninguém consegue domar a língua. Ela é incontrolável e perversa, cheia de veneno mortífero. Às vezes louva nosso Senhor e Pai e, às vezes, amaldiçoa aqueles que Deus criou à sua imagem. E, assim, bênção e maldição saem da mesma boca. Meus irmãos, isso não está certo!
>
> TIAGO 3.2-10, NVT

Como pais, precisamos tomar cuidado com o que dizemos e com a forma como falamos. Nossa boca será um termostato em casa. Se sempre rotularmos nossos filhos, nós os feriremos emocionalmente. De que adianta orar por eles e, depois, amaldiçoá-los com palavras? Rótulos produzem condenação, além de ferir a identidade. Lembre-se de que "do fruto da boca o coração se farta, do que produzem os lábios se satisfaz. A morte e a vida estão no poder da língua; o que bem a utiliza come do seu fruto" (Provérbios 18.20-21, ARA).

O que significa identidade?

Identidade tem a ver com o que Deus diz a nosso respeito – como ele nos vê. Somos o que ele diz que somos, temos o que ele diz que temos. Uma maneira interessante de ilustrar a questão é a maneira como o apóstolo Paulo trata os irmãos da igreja em Corinto. Eles eram verdadeiros filhos na fé, mas estavam longe de serem perfeitos. Havia sérios problemas na congregação: pecados, embriaguez na hora da ceia e até questões relacionadas à prostituição. No entanto, Paulo não os acusou. Veja como ele inicia sua carta:

> Paulo, chamado pela vontade de Deus para ser apóstolo de Jesus Cristo, e o irmão Sóstenes, à igreja de Deus que está em Corinto, aos santificados em Cristo Jesus, chamados para ser santos, com todos os que em todo lugar invocam
>
> 1Coríntios 1.1-2, ARA

> o nome de nosso Senhor Jesus Cristo, Senhor deles e nosso.

Perceba que Paulo reafirma a identidade deles. Depois, nos capítulos seguintes, ele corrige o que a igreja fazia. Isso aconteceu também com irmãos da igreja de Éfeso:

> E vos revistais do novo homem, criado segundo Deus, em justiça e retidão procedentes da verdade. Por isso, deixando a mentira, fale cada um a verdade com o seu próximo, porque somos membros uns dos outros. Irai-vos e não pequeis; não se ponha o sol sobre a vossa ira, nem deis lugar ao diabo. Aquele que furtava não furte mais; antes, trabalhe, fazendo com as próprias mãos o que é bom, para que tenha com que acudir ao necessitado.
>
> EFÉSIOS 4.24-28, ARA

O que aprendemos com isso? Precisamos largar nossas pedras, físicas ou verbais, e tratar nossos filhos de acordo com a identidade que possuem em Cristo. Portanto, quando for corrigir a mentira de uma criança, fale que essa atitude não combina com ela, pois é filha de Deus, criada à imagem e semelhança dele. É por isso que falamos a verdade; é um reflexo de quem somos no Senhor. Nunca se esqueça de que um mau comportamento não muda quem nossos filhos são. Nosso papel, como pais, é reafirmar a identidade deles, trazendo à memória as verdades da Palavra de Deus sobre nossa casa.

O poder criativo das nossas palavras

Se formos para o capítulo 1 de Gênesis veremos que Deus criou o mundo por meio de palavras. Ele disse: "Haja luz", e houve luz (cf. Gênesis 1.3). O Senhor trouxe tudo à existência por meio da palavra. Já ouviu falar da regra da primeira menção? Quando uma palavra é citada pela primeira vez nas Escrituras Sagradas, devemos estudar o contexto em que ela aparece, porque Deus quer nos falar algo que representa o real significado daquele termo.

Diante desse fato, é interessante que a primeira vez que Deus usou palavras não foi para se comunicar conosco, mas criar o mundo. Isso é tão poderoso. Sabe por quê? Como fomos criados à imagem e semelhança de Deus (cf. Gênesis 1.26-27), ele nos deu o poder de falarmos para trazermos à existência coisas que queremos ver. Ou seja, nossas palavras têm poder criativo. Podemos gerar vida ou morte, pois existe poder no que falamos.

Deus poderia ter dito: "Nossa, que escuridão aqui!". No entanto, ele abriu a boca para trazer à existência o que não existia.

Devemos fazer o mesmo. Nunca declare o que seus olhos veem, mas o que você quer ver pela fé. Declare as promessas de Deus sobre a sua vida, casa, família e trabalho. Talvez você esteja pensando: "Não tenho fé suficiente para fazer isso". Não se preocupe, você não é o único. Até os apóstolos sentiram essa dificuldade e pediram: "[...] Aumenta-nos a fé" (Lucas 17.5, ARA). Veja o que Jesus respondeu: "[...] Se tiverdes fé como um grão de mostarda, direis a esta amoreira: Arranca-te e transplanta-te no mar; e ela vos obedecerá" (Lucas 17.6, ARA).

O grão de mostarda é uma semente bem pequena, mas seu tamanho não importa. Ao estudar o texto, notei que a palavra usada para "como um grão de mostarda" significa "à medida que", e não "do tamanho de". Algumas versões traduziram erroneamente essa passagem dando a entender que nossa fé precisa ser do tamanho dessa semente. Mas o que Jesus quis dizer é que, assim como um grão de mostarda que é plantado cresce, nossa fé se desenvolverá e dará frutos conforme a usarmos. Então, se sua fé é pequena, use-a mesmo assim. Ela florescerá e será capaz de mover montanhas.

Uma semente, quando plantada, pode produzir muitos frutos. Mas para que isso aconteça, é necessário plantá-la. Deus já nos deu a semente e, mesmo que ela pareça pequena, quando você começar a semear, verá algo extraordinário acontecer. Nós plantamos a semente à medida que abrimos nossa boca. Por isso, Jesus disse que devemos dizer à amoreira: "Arranca-te e transplanta-te no mar", e assim será feito. Portanto, não fique calado diante das circunstâncias, declare com fé aquilo que você crê, e você verá sua fé crescer e produzir frutos como um grão de mostarda é capaz de fazer.

Na Nova Aliança, sua semeadura é capaz de trazer uma colheita maior do que você pode imaginar. Jesus afirmou várias vezes que quem semeia colherá a 30, a 60 e a 100 por um (cf. Marcos 4.20); porém, precisamos plantar. A fé é, de fato, uma semente poderosa, mas ela precisa ser expressa. Nossa fé é uma voz. O apóstolo Paulo nos ensina em 2Coríntios 4.13: "Tendo, porém, o mesmo espírito da fé, como está escrito: Eu cri; por isso, é que falei. Também nós cremos; por isso, também falamos!" (ARA). Isso significa que não é algo que guardamos no coração ou mantemos em silêncio; ela precisa ser verbalizada, declarada.

O que sai da nossa boca é poderoso – há poder para construir ou destruir, abençoar ou amaldiçoar, gerar vida ou morte. Por esse motivo, existem pessoas cujo melhor jejum que podem fazer é o de não murmurar, não reclamar e não falar mal dos outros. Afinal, quando difamamos a terra, não colhemos do seu fruto. Nossa boca é o meio que Deus nos deu para plantarmos a semente da fé. Quando dizemos palavras de fé, esperança e vida, estamos lançando sementes.

Os frutos podem não ser imediatos, mas uma coisa é certa: eles virão como nunca antes.

Lembre-se, podemos até ter uma vida de oração fervorosa, mas, se não cuidarmos das palavras que saem da nossa boca, podemos anular os frutos das nossas orações. Na criação de filhos, todos nós enfrentamos desafios que nos intimidam ou desanimam em algum momento. Talvez um diagnóstico médico, uma crise financeira, problemas conjugais, filhos nas drogas, desviados ou com problemas de identidade. A lista pode ser longa. No entanto, independentemente da circunstância, não abra a boca para murmurar. Pelo contrário, use suas palavras para trazer à existência o que você não vê, mas que, pela fé, crê que acontecerá. Comece hoje a mudar sua postura, pois o que você fala pode determinar os frutos que colherá no futuro.

Capítulo 4

Inimigos da fé

Davi foi, sem dúvida, um homem segundo o coração de Deus, mas também um ser humano como todos nós – alguém que enfrentou circunstâncias adversas, desde perseguições até conflitos internos e falhas pessoais. Porém, o que distinguia Davi era sua postura. Ele sempre buscava ao Senhor, independentemente da situação; e era em sua intimidade com Deus que ele encontrava refrigério e renovação.

Em nossa vida não é diferente. Também enfrentaremos desafios, gigantes e dificuldades, mas precisamos nos lembrar de que em tudo somos mais do que vencedores por meio daquele que nos amou (cf. Romanos 8.37). Em meu livro *Ativando destinos proféticos*, compartilhei algo que ilustra bem esse ponto, uma situação que vivi com meu filho mais velho, na qual o Diabo tentou abalar minha fé. Acredito ser válido também deixar o relato aqui:

> *Quando meu primeiro filho nasceu, fui tomada por um misto de emoções. Por um lado, havia inseguranças e medos, como qualquer mãe de primeira viagem sente, mas,*

por outro, uma convicção profunda do propósito do meu filho. Desde o início, sabia que o Senhor o havia separado para algo grande. Mesmo enquanto ainda o amamentava, Deus falava muitas coisas ao meu coração. Contudo, a vida não facilitou as coisas. Enfrentamos muitas adversidades em relação à saúde dele. Meu filho é alérgico à proteína do leite de vaca, no nível mais elevado que se possa mensurar. Quando pequeno, ele teve vários choques anafiláticos e, por conta disso, não podíamos sair de casa sem injeção de adrenalina.

Um dia, quando ele tinha 4 anos de idade, fui preparar seu leite (um especial em pó) e sem querer, por um momento de distração, dei a ele o leite da sua irmã que também era em pó, mas feito do leite de vaca. Quando ele terminou de beber, sua glote se fechou. Ele começou a vomitar, a chorar e a respirar com dificuldade. No desespero, peguei-o no colo, saí na rua e entrei em uma van que estava estacionada em frente ao meu prédio. O motorista estava no volante, e sem conhecê-lo, eu disse: "Por favor, moço, preciso que me leve para o hospital mais perto, meu filho está morrendo".

Sem hesitar ou fazer qualquer pergunta, aquele homem foi imediatamente para o hospital. Foram os minutos mais longos da minha vida porque vi meu filho falecendo diante dos meus olhos. Quando chegamos ao hospital, ele já não reagia mais. Foi uma cena desesperadora; os médicos o socorreram o mais rápido possível. A situação era tão grave que me pediram para sair da sala.

Não sentia mais minhas pernas e as lágrimas desciam descontroladamente pelo meu rosto. Estava sozinha naquele momento, porque meu marido ainda estava a caminho do hospital, e cada segundo parecia uma eternidade. De repente, a médica se aproximou e me disse: “Mãe, você crê em Deus?”. Eu não conseguia falar nada, somente chorar. Então, ela me disse: “Nós fizemos tudo o que pudemos e agora precisamos de um milagre”. Nesse momento, meu marido chegou, segurou firme no meu braço e, cheio de fé, disse: “Ana, o Matheus não morrerá. Ele ainda não cumpriu o propósito dele. Tenho certeza disso. Não se desespere”.

Cri com todas as minhas forças nas palavras do meu marido. Logo em seguida, levaram meu filho para a UTI, onde ele permaneceu por cinco dias. Graças a Deus, na primeira noite, ele já acordou e reagiu. Começou a conversar comigo e, enquanto eu estava lá com ele, o Senhor foi trazendo à minha memória cada um dos sonhos e o propósito que ele tinha para a vida do Matheus.

A criação de filhos é uma aventura de fé que nos põe à prova todos os dias. Muitas vezes, oramos por um milagre, mas parece que a situação fica ainda pior. Contudo, são nesses momentos que precisamos identificar nossos inimigos para que consigamos continuar firmes na oração. É por isso que a vida do rei Davi é uma fonte de aprendizado para nós. E usarei o exemplo dele para falar sobre três inimigos que intimidam a nossa fé.

A circunstância

Davi, assim como nós, teve uma lista extensa de provações. Mas como ele as venceu? Em 1Samuel, por exemplo, podemos ler que o gigante filisteu, Golias, afrontou o exército de Israel por 40 dias. Nenhum homem tinha coragem de enfrentá-lo, nem mesmo o rei Saul. A derrota parecia iminente e já havia sido decretada pelo próprio Golias. Até que um dia, o pai de Davi pediu que ele levasse comida para seus irmãos no campo de batalha. Quando ele chegou ao arraial, ouviu as palavras do gigante, sentiu-se indignado e foi resolver o problema. Mas como ele fez isso?

> Davi, porém, disse ao filisteu: "Tu vens contra mim com espada, e com lança, e com escudo; eu, porém, vou contra ti em nome do SENHOR dos Exércitos, o Deus dos exércitos de Israel, a quem tens afrontado. Hoje mesmo, o SENHOR te entregará nas minhas mãos" [...] Assim, prevaleceu Davi contra o filisteu, com uma funda
>
> 1SAMUEL 17.45-46, 50, ARA

> e com uma pedra, e o feriu, e o matou; porém não havia espada na mão de Davi".

O que realmente matou o gigante não foi a pedra que Davi arremessou, mas as palavras que ele proferiu antes do confronto. Davi declarou a vitória antes mesmo de entrar na batalha, pois sabia quem estava lutando por ele. Lembre-se, *nossas palavras são armas de fé*, e o que sai da nossa boca reflete o que cremos. Se sabemos quem luta por nós, podemos declarar a vitória, assim como Davi o fez.

Aos olhos humanos, jamais um jovem "despreparado" poderia vencer aquele incircunciso filisteu com apenas uma funda e uma pedra. Mas para que o mundo soubesse quem é que lutava por ele, foi assim que Davi prevaleceu. Ele não confiava na aparência das coisas, pois, aparentemente, não tinha vantagem sobre o inimigo, nem mesmo se usasse uma armadura. Davi confiava somente no Senhor dos Exércitos, e devemos fazer o mesmo.

Não se intimide diante do seu gigante. Abra sua boca e declare que ele já está derrotado. Você perceberá que não tem nada a ver com você, mas com Deus, pois a vitória vem dele. Entenda que você só viverá aquilo que declarar. Circunstância nenhuma pode definir o final da sua trajetória; Deus já fez isso. Agora, você chegará aonde crer que chegará. Portanto, por mais difícil que esteja a situação na sua casa, com seus filhos, em seu casamento, não se deixe intimidar. Posicione-se em oração e declare a vitória do Senhor sobre a sua circunstância.

Foi o que minha mãe fez comigo durante os turbulentos anos da minha adolescência. Lembro-me de chegar bêbada em casa, fumar escondido, mentir, e agir com rebeldia e orgulho. Não queria saber de Deus, nem de igreja. Essa era a circunstância que minha mãe enfrentava. Ela, porém, em vez de abaixar a cabeça, orou diariamente por mim, além de profetizar e chamar à existência minha salvação. Quando completei 16 anos de idade, tive uma experiência com o Senhor. Ele ouviu a oração da minha mãe e me transformou completamente. É por isso que sempre digo: pais precisam estar de joelhos para que seus filhos estejam firmados no Senhor.

O medo

O medo também é um inimigo que vem para abalar nossa fé, e o Diabo é um especialista na questão. Ele adora lançar sofismas – mentiras mascaradas de verdade – para nos enganar e fazer com que, muitas vezes, acreditemos. São dúvidas em forma de pensamentos, como "Será que dará certo?", "Será que meu filho um dia se casará?", "Será que meus filhos não se desviarão?". Será? Será? Será? São muitos pensamentos negativos, todos acompanhados de medo.

Depois que Davi derrotou Golias, o Senhor começou um processo na vida dele que o levaria do campo de pastoreio ao trono de Israel. Daquele dia em diante, Davi nunca mais voltou para sua casa. Deus o tirou da casa do pai para ele começar a trilhar um caminho que o moldaria para ser rei. Mas foi um processo dolorido e marcado por muitos medos. Você se identifica com Davi?

Quando Deus nos dá uma família, começa um processo em nossa vida. Temos promessas da parte do Senhor, mas até que elas se cumpram muitas coisas acontecem. E, no meio desse processo, o medo sempre tentará nos paralisar quando nos depararmos com nossas fragilidades e com aquilo que parece impossível. Voltando à história de Davi, em 1Samuel 21, lemos que ele começou a ser perseguido por Saul. Por conta disso, ele fugiu. Mas por quê? Por *medo* de morrer. Ele estava sozinho, não tinha a quem recorrer.

Davi chegou a fingir-se de louco para não ser morto – consegue imaginar o medo e desespero que ele estava sentindo? Mas a situação não melhorou. Saul reuniu 3 mil homens para matar Davi, que precisou se esconder dentro de uma caverna, chamada caverna de Adulão. Ali, em meio à solidão, Davi começou a plantar sementes de fé. Ele escreveu salmos que, até hoje, oramos e declaramos. Nos momentos de maior medo, ele proclamou a verdade a respeito de quem Deus era. Quem não se lembra do salmo 27, por exemplo?

> O Senhor é a minha luz e a minha salvação; de quem terei medo? O Senhor é a fortaleza da minha vida; a quem temerei? [...] Ainda que um exército se acampe contra mim, não se atemorizará o meu coração; e, se estourar contra mim a guerra, ainda assim terei confiança [...] eu creio que verei a bondade do Senhor na terra dos viventes. Espera pelo Senhor, tem bom ânimo, e fortifique-se o teu coração; espera, pois, pelo Senhor.
>
> Salmos 27.1, 3, 13, ARA

Já parou para pensar em como Davi estava amedrontado? Mesmo assim, ele decidiu confiar no Deus da sua salvação. O medo é, de fato, um grande intimidador da nossa fé. Contudo, o problema não é sentir medo, mas o que isso produz em nós. Qual é a sua atitude quando sente medo? Você aceita a intimidação e para? Ou reage como Davi? Em vez de se calar, ele declarou quem ele era em Deus e quem o Senhor era para ele naquele momento.

Existe uma diferença entre o que você sente e o que declara com fé. Suas palavras nunca devem se basear em sentimentos, mas no que o Senhor diz. Por isso, quero desafiá-lo hoje a declarar o que Deus diz sobre você, sua família e suas circunstâncias. Foi exatamente isso que Davi fez, e assim, venceu seus inimigos. Saia da caverna e vença o medo, além de tudo aquilo que tenta intimidar você.

A incredulidade

Quero terminar este capítulo abordando um dos maiores inimigos da fé: a incredulidade. Até aqui, falamos sobre a circunstância e o medo, mas é importante entender que são eles que produzem incredulidade. Uma coisa leva à outra. E não há como falar sobre incredulidade sem mencionar o povo de Israel quando estava prestes a possuir a terra prometida. Canaã é um símbolo da nova vida em Cristo, da vida debaixo do favor de Deus. No entanto, isso não significa ausência de dificuldades ou problemas. A mesma terra que manava leite e mel também era habitada por gigantes, por exemplo.

A Bíblia nos conta que Josué e Calebe, juntamente com dez outros homens, saíram para espiar a terra antes que o povo de Israel a possuísse. Quando chegaram lá, viram que havia gigantes e cidades fortificadas, mas também coisas boas. Dez dos 12 homens voltaram com um relatório ruim, o que produziu desânimo e incredulidade no coração do povo, que começou a murmurar, chorar e até desejar voltar ao Egito, para a escravidão de onde Deus já os havia tirado. Então, em meio ao caos, Calebe fez o povo se calar perante Moisés e disse: "[...] Subamos e possuamos a terra, porque, certamente, prevaleceremos contra ela" (Números 13.30, ARA).

Que diferença de atitude, não? Calebe e Josué enxergaram os mesmos gigantes, mas não permitiram que o medo afetasse sua fé. Os dois sabiam que o Senhor já havia dado a terra ao povo de Israel; portanto, a vitória já era certa. Lembre-se, você viverá até onde conseguir enxergar. Ter fé significa ver o impossível, trazer à existência coisas que não existem. Nós temos promessas em todas as áreas da nossa vida. Deus deseja que você desfrute do favor dele em seu casamento, na vida de seus filhos, e em seu ministério e trabalho. Essa é a vontade do Senhor, que você desfrute de uma terra que mana leite e mel.

Agora, isso não quer dizer que não haverá dificuldades no decorrer do processo. Você sabe que Deus lhe prometeu um casamento abençoado, mas quando você "espia a terra", vê as deficiências do seu cônjuge e passa a questionar se Deus realmente cumprirá o que prometeu. O mesmo acontece na criação de filhos, os gigantes diários estão ali, e é fácil deixar o desânimo nos dominar. Se, em vez de confiar no Senhor, você abrir a boca para declarar apenas o que está vendo com seus olhos naturais e murmurar, estará difamando a terra. Como consequência, não terá o favor de Deus.

Lembro-me de uma moça que, há anos, tentava engravidar, mas não conseguia. Em vez de sucumbir à frustração, ela declarava as promessas do Senhor e não permitia que a incredulidade entrasse em seu coração. Até que, um dia, o teste de gravidez deu positivo. Imagine a alegria de todo mundo. Porém, o que ninguém esperava é que seria uma gestação tubária – o óvulo havia sido fecundado em uma das trompas. Infelizmente, ela teve um aborto e precisou passar por um procedimento para remover a trompa afetada. Foi muito triste; a terra tinha gigantes e a circunstância era difícil. O medo então veio, acompanhado de muitos questionamentos, mas aquela mulher, o tempo todo, manteve seus olhos fixos no Senhor e na Palavra.

Um dia, fui visitá-la no hospital, imaginando que a encontraria abatida. Mas, para minha surpresa, ela estava cheia de fé. Em um momento, ela disse: "Pastora, estou feliz porque agora sei que posso engravidar. Achei que não podia, mas posso. Mesmo que agora eu tenha somente uma trompa, sei que posso gerar!". E passados três meses, ela estava grávida novamente. Com apenas uma trompa, contra todas as probabilidades e com diagnósticos contrários, ela concebeu. Hoje, tem duas meninas lindas – um testemunho vivo de que Deus é fiel.

Poderia citar tantos outros exemplos, mas o ponto que gostaria de enfatizar é o espírito que havia em Josué e Calebe.

Esse espírito de fé é o que fez os dois perseverarem, e apesar dos gigantes, que eles também viram, creram que era possível possuir a terra. Eles acreditaram na promessa. Não houve murmuração, nem reclamação; eles não difamaram a terra. Quem vive pela fé persevera em seguir o Senhor e enxerga além dos gigantes. Como Josué e Calebe disseram que a terra era boa, eles a possuíram. Puderam desfrutar do leite e do mel, enquanto o restante daquela geração morreu no deserto sem provar da promessa.

Não foi por mérito. Afinal, por eles mesmos, não seria possível. Foi o Senhor que deu a terra a eles. O problema dos demais espias foi que olharam para si mesmos – para seus próprios esforços –, enquanto Josué e Calebe reconheceram que não seriam capazes, mas creram. A justiça própria sempre levará ao cansaço, à frustração e, inevitavelmente, à incredulidade. Porém, no meio do povo, havia dois com um espírito diferente. Ambos creram na Palavra do Senhor em vez de olharem para suas próprias forças. Por isso, conquistaram a terra. Esse mesmo espírito está sobre você – o espírito da fé. Permaneça nessa posição. Não difame a terra que o Senhor já deu a você.

As circunstâncias e o medo tentarão nos paralisar, enquanto, de maneira sutil, a incredulidade buscará corroer nossa confiança. No entanto, precisamos fazer uma escolha: olhar para o problema ou para quem nos garante a vitória. Como Davi, Josué e Calebe, somos chamados a declarar a Palavra, a perseverar mesmo quando tudo parece contrário e a viver pela fé, não pelo que vemos. No fim, não são os desafios que determinam nosso destino, mas a forma como reagimos a eles. O que Deus prometeu não pode ser anulado por situação nenhuma. Portanto, cabe a nós crer, avançar e tomar posse do que já é nosso.

Capítulo 5

A oração de Ana

Sempre tive o sonho de ter quatro filhos. Quando eu e meu marido nos conhecemos, uma das primeiras perguntas que fiz a ele foi justamente sobre quantos filhos ele queria ter. Lembro-me de que ele se assustou e, por um momento, não soube bem o que responder. Então, ele disse: "Dois, mas sou negociável". Graças a Deus por essa flexibilidade, porque hoje temos quatro filhos lindos, Matheus, Samuel, Isabella e Luca.

Durante cada gravidez, colocava as mãos sobre minha barriga e orava pelo futuro que Deus já havia reservado para eles. Ao nascerem, iniciava-se um longo processo de educação, formação do caráter e desenvolvimento da personalidade. Nesse longo percurso, pedia a Deus que me mostrasse qual era a vocação de cada um, para que eu pudesse prover recursos e investir de maneira específica no propósito deles.

Precisamos nos lembrar de que, antes de serem nossos filhos, eles pertencem a Deus — são uma herança que ele confiou a nós. Sei como é desafiador educar filhos hoje em dia. Muitos pais nos procuram pedindo ajuda e, com esse encargo em nosso coração, meu marido e eu, debaixo de uma direção do Senhor, decidimos abrir uma escola online, por meio da qual temos ensinado milhares de pais em mais de 20 países a educarem seus filhos à luz da Bíblia.

Cada filho que Deus nos dá tem um propósito singular e especial. Nenhum é igual ao outro – eles possuem temperamentos distintos, um jeito próprio de enxergar a vida, de pensar e reagir a situações, além de habilidades e dons específicos. Por isso, seria um erro tentar educá-los da mesma forma. Precisamos de sabedoria para conduzi-los, de paciência para lidar com certos comportamentos e, sobretudo, da ajuda do Espírito Santo, pois ele é nossa principal rede de apoio.

Pare por um momento e pense: como você tem cuidado da herança que recebeu do Senhor? Como tem administrado essa bênção? No Antigo Testamento, há uma mulher cuja postura serve de inspiração para qualquer mãe e pai nesse quesito. Refiro-me a Ana, que, em meio à dor da esterilidade, fez um voto a Deus: "[...] Ó Senhor dos Exércitos, se tu deres atenção à humilhação de tua serva, te lembrares de mim e não te esqueceres de tua serva, mas lhe deres um filho, então eu o dedicarei ao Senhor por todos os dias de sua vida, e o seu cabelo e a sua barba nunca serão cortados" (1Samuel 1.11).

Ana, assim como muitas mulheres, tinha o sonho de ser mãe. Na época, diferente de hoje, gerar filhos era o maior anseio de uma mulher. Infelizmente, os planos de Ana não se concretizaram da forma que ela esperava. Ao se deparar com a esterilidade, o sonho de ser mãe pareceu algo distante. Seu marido, Elcana, não a compreendia; afinal, ele pensava ser suficiente para ela, mais do que dez filhos. Contudo, nada do que ele fizesse seria capaz de preencher o vazio que ela sentia por não poder gerar um filho. O único recurso que Ana tinha era a oração, e foi exatamente isso que ela fez – "Levantou-se Ana, e, com amargura de alma, orou ao Senhor, e chorou abundantemente" (1Samuel 1.10, ARA).

Muitas vezes, achamos que não podemos derramar nosso coração aos pés do Senhor, que precisamos ser fortes o tempo todo e esconder nossas fragilidades. Mas a verdade é que ele está esperando por nós. Deus é a nossa fonte de suprimento, alegria, e de tudo o de que precisamos. Portanto, de que você precisa? Apresente isso ao Senhor. Lembrem-se do que está escrito em Filipenses 4.6-7:

> Não vivam preocupados com coisa alguma; em vez disso, orem a Deus pedindo aquilo de que precisam e agradecendo-lhe por tudo que ele já

NVT

> fez. Então vocês experimentarão a paz de Deus, que excede todo entendimento e que guardará seu coração e sua mente em Cristo Jesus.

Essa foi a primeira atitude de Ana. Em meio à dor, à frustração e à espera, ela entendeu que não havia outro caminho a não ser entregar sua causa nas mãos de Deus. E, de fato, somente no Senhor encontramos consolo, resposta e direção. Mas além de orar, Ana também creu na Palavra que recebeu – "Então, lhe respondeu Eli: 'Vai-te em paz, e o Deus de Israel te conceda a petição que lhe fizeste'. E disse ela: 'Ache a tua serva mercê diante de ti'. Assim, a mulher se foi seu caminho e comeu, e o seu semblante já não era triste" (1Samuel 1.17-18, ARA).

Naquele momento, a figura do sacerdote Eli representou Deus; portanto, a voz dele foi como a própria voz do Senhor. E Ana decidiu crer no que ouviu. Tanto é que ela comeu e seu semblante já não demonstrou mais tristeza. Veja que interessante, ela ainda não tinha recebido seu milagre, nada havia mudado aparentemente, porém ela creu.

O fato de Ana comer faz toda a diferença e aponta para a importância da comida espiritual. Assim como o corpo físico precisa de sustento, nosso espírito também necessita de alimento. Precisamos nos alimentar da Palavra e de Cristo, ele é a nossa fonte de vida. Se nos enchermos de porcarias – redes sociais, séries e afins –, acabaremos adoecendo espiritualmente, mas se nos alimentarmos do Senhor e da Verdade, seremos fortalecidos.

Outra questão que chamou minha atenção em Ana foi o fato de que ela adorou – "Levantaram-se de madrugada, e adoraram perante o Senhor [...]" (1Samuel 1.19, ARA). A adoração atrai a bênção de Deus; Ana não havia ainda recebido seu milagre, mas se levantou e adorou. E se adotássemos essa postura todos os dias? Em vez de focar nas dificuldades, construa um altar de adoração em sua casa. Ao acordar pela manhã, comece a declarar que seu dia será bom. Não importam as circunstâncias, precisamos erguer um altar de adoração em nossos lares e descansar no Senhor, pois isso fortalece nossa confiança no amor dele. Como está escrito em Jeremias 17.7-8:

> Bendito o homem que confia no Senhor e cuja esperança é o Senhor. Porque ele é como a árvore plantada junto às águas, que estende as suas raízes para o ribeiro e não receia quando vem o calor, mas a sua folha fica verde; e, no ano de sequidão, não se perturba, nem deixa de dar fruto.
>
> ARA

Após orar, crer na palavra que recebeu e adorar, Ana finalmente engravidou e deu à luz um menino, a quem chamou

Samuel. Ela desejava um filho, mas Deus, um profeta. Às vezes, os processos mais difíceis são exatamente aqueles que carregam um propósito maior do que podemos imaginar. O mundo espiritual conhece a grandiosidade daquilo que estamos gerando. Desde pequeno, Samuel já servia ao Senhor; a Bíblia diz que ele "[...] ministrava perante o SENHOR, sendo ainda menino, vestido de uma estola sacerdotal de linho. Sua mãe lhe fazia uma túnica pequena e, de ano em ano, lhe trazia quando, com seu marido, subia a oferecer o sacrifício anual" (1Samuel 2.18-19, ARA).

O fato de Ana preparar, ano após ano, uma túnica de linho para Samuel demonstra que ela não o havia consagrado ao Senhor apenas, mas continuava investindo em seu crescimento espiritual. Isso me lembra a mulher virtuosa descrita em Provérbios 31. A Bíblia afirma que "ela adquire lã e linho e, com alegria, trabalha os fios com as mãos" (Provérbios 31.13, NVT).

Ana era, sem dúvidas, uma mulher virtuosa. Pare para pensar: a preparação dessa roupa exigia dinheiro, tempo, trabalho e muita dedicação. Posso imaginar a cena: no aniversário de 5 anos de Samuel, uma túnica de presente. No aniversário de 10 anos, outra túnica. No aniversário de 15 anos, mais uma túnica. E tudo isso tem um significado; a túnica representava a identidade de Samuel. Era um lembrete de que ele era separado e tinha um propósito para cumprir na terra.

Enquanto as outras crianças brincavam, Samuel estava sendo treinado para ser um profeta. Enquanto jogavam bola na rua, ele servia ao Senhor. Enquanto os meninos da sua idade ouviam músicas seculares, ele estava aprendendo a ouvir a voz de Deus. Samuel não era como os demais, e sua mãe fazia questão de lembrá-lo disso por meio das estolas sacerdotais.

Algo que acontece anualmente diz respeito à constância, dedicação e persistência. Ano após ano, a mesma coisa, já imaginou? Outro dia, estava lendo a Bíblia com meu filho caçula e me deu um nó na garganta quando percebi que passei 15 anos da minha vida lendo a Bíblia com meus filhos. Os mais velhos já fazem seu devocional sem minha ajuda, mas ainda tenho o Luca, que em breve também fará sua leitura bíblica sozinho. Então, não terei mais outro filho para fazermos juntos o devocional de manhã.

Confesso que chorei. E, enquanto escrevo estas páginas, as lágrimas voltam a escorrer pelo meu rosto. Sentirei saudade desse tempo que vivi de maneira intensa e intencional. Desde o nascimento dos meus filhos, fiz questão de ler a Bíblia com eles todos os dias. Muitas vezes, estive desanimada, cansada da rotina extenuante, com privação de sono, casa bagunçada, mas não negociei o que era mais importante. Por isso, nunca desista de orar pelos seus filhos, de ler a Palavra com eles e de ensiná-los sobre quem são em Deus. Isso fará uma diferença enorme na vida deles.

Consagre seus filhos a Deus

> [...] levantou-se Ana, e, com amargura de alma, orou ao SENHOR, e chorou abundantemente. E fez um voto, dizendo: "SENHOR dos Exércitos, se benignamente atentares para a aflição da tua serva, e de mim te lembrares, e da tua serva te não esqueceres, e lhe deres um filho varão, **ao SENHOR o darei por todos os dias da sua vida** [...]".
>
> 1SAMUEL 1.10-11, ARA
> GRIFO DA AUTORA

Existe poder na oração de um pai e de uma mãe. Nos momentos difíceis da criação de filhos, a resposta sempre será a oração. Haverá dias em que você se sentirá cansado e perdido, sem saber como agir, mas, assim como Ana, não desista; ore. Ela consagrou o filho que ainda nem tinha, mas sua oração foi determinante para que o propósito de Deus se cumprisse.

Talvez você ainda não tenha um filho que sirva ao Senhor, ou que ainda não teve uma experiência com Deus.

Ore profetizando isso na vida dele. Mesmo que seus filhos sejam pequenos e pareça que estão distraídos e não se importam com as coisas do alto, continue orando. Existem coisas que precisamos gerar em oração. Não importa a fase em que seus filhos estejam, suas orações são sementes que, no tempo certo, darão frutos. Entregue cada um deles ao Senhor e declare que cumprirão o propósito para o qual nasceram.

Proteja e guarde seus filhos

> [...] "Quando for o menino desmamado, levá-lo-ei para ser apresentado perante o Senhor e para lá ficar para sempre" [...] Assim, **ficou a mulher e criou o filho ao peito**, até que o desmamou. Havendo-o desmamado, levou-o consigo, com **um novilho de três anos**, um efa de farinha e um odre de vinho, e o apresentou à Casa do Senhor, a Siló [...]".
>
> 1Samuel 1.22b, 23-24, ARA
> Grifo da autora

Não sabemos a idade exata de Samuel quando Ana o levou para o sacerdote Eli, mas estima-se que tenha sido por volta dos 3 anos, idade do novilho que ela sacrificou ao Senhor. Acredita-se que ela havia criado aquele novilho junto com o menino, preparando-o para o dia em que fosse entregar Samuel.

"Criar o filho ao peito" significa estar presente, educar com afeto e amor. Espero que você compreenda que a Palavra não está falando de amamentação, mas da atitude ou postura de Ana. Independentemente do fato de você, mãe, amamentar ou não seus filhos, o que será importante para eles nos primeiros anos de vida é se você é alguém presente, que os protege e os guarda, intercedendo por eles e amando-os de maneira incondicional.

Treine seus filhos para o que Deus tem para eles

> Então, Elcana foi-se a Ramá, a sua casa; porém o menino ficou servindo ao Senhor, perante o sacerdote Eli.
>
> 1Samuel 2.11, ARA

Samuel cresceu sendo treinado pelo sacerdote Eli, que aponta para a figura de Cristo, nosso sumo sacerdote. O que isso nos ensina? Precisamos levar nossos filhos até Jesus para que aprendam a discernir a voz de Deus. Fazemos isso quando oramos por nossos filhos e, também, quando os ensinamos a orar e lemos a Bíblia com eles todos os dias.

Essa é a nossa principal missão como pais: conduzir nossos filhos até Cristo.

Samuel servia ao Senhor e, todos os anos, Ana chegava com uma túnica nova para lembrá-lo do seu chamado. Era como se ela estivesse dizendo: "Filho, você é um profeta escolhido para este tempo". O tempo passava, e a roupa do ano anterior não servia para o ano seguinte, pois Samuel estava crescendo, não só em estatura, mas em sabedoria e graça diante de Deus e dos homens.

Em 1Samuel 3.19 está escrito que "crescia Samuel, e o SENHOR era com ele, e nenhuma de todas as suas palavras deixou cair em terra" (ARA). A palavra "crescia" nesse versículo, no original hebraico é *gadal*, que significa "crescer, tornar-se grande ou importante, promover, tornar poderoso, realizar coisas grandes". Ana sabia que Deus tinha algo grande para seu filho; por isso, ela foi intencional em cada detalhe – em sua criação, na entrega ao Senhor, na intercessão por ele e no gesto anual de trazer-lhe uma nova túnica. Faça o mesmo, prepare seus filhos para cumprirem o propósito do Senhor. Seja intencional e não negocie a responsabilidade que Deus confiou a você. Valerá a pena.

Capítulo 6

Filhos ousados pedem

Não sei se já passou por uma experiência assim: você vai ao shopping com seus filhos e, em algum momento, eles pedem dinheiro para comprar algo. Quando você responde que não tem, retrucam: "Então, passa o cartão!". É engraçado, não? Tudo parece fácil. Criança não tem noção das coisas; é por isso que Jesus disse que devemos ser como crianças para entrar no Reino dos Céus. Já prestou atenção em como a fé das crianças é simples? Se você diz algo, elas confiam, sem questionar se é possível ou não. Não racionalizam, não duvidam, mas tomam como verdade aquilo que lhes foi dito.

Conta-se que, certa vez, uma criança de 8 anos estava viajando sozinha de avião, sentada na primeira fileira e sendo assistida pelos comissários de bordo. Durante o voo, ela lia um livro tranquilamente. Tudo parecia normal até que, de repente, o avião entrou em uma turbulência. Foram minutos apavorantes. Os passageiros gritavam e choravam com medo de o pior acontecer. Depois de passada a turbulência, para a surpresa de todos, constatou-se que aquela criança não esboçou medo em nenhum momento. Não chorou nem se preocupou, mas continuou tranquila, lendo seu livro. Uma senhora que estava ao lado dela perguntou: "Você não ficou com medo da turbulência?". Ao que ela respondeu: "Não. Porque meu pai é o piloto deste avião".

É possível comparar essa história à nossa vida. Quantas vezes passamos por turbulências e nos desesperamos? Ficamos ansiosos, preocupados, tentando resolver as coisas por conta própria, e nos esquecemos de que tudo está sob o controle do nosso Pai celestial. Se você é filho de Deus, confie no amor dele. Como está escrito em Salmos 127.2: "Inútil será para vocês levantar cedo e dormir tarde, trabalhando arduamente por alimento. Pois ele concede o sono a quem ama". Ou seja, Deus trabalha em favor de você. No entanto, você precisa entender o quanto é amado. Filhos que sabem que são amados não têm medo de pedir nada ao seu pai.

Curiosamente, há um relato na Bíblia sobre um pai e uma filha que retrata bem o relacionamento de Deus conosco. Pensei em trazer essa ilustração para que você possa ter confiança e ousadia ao orar. Mas antes de qualquer coisa, acredito ser importante lermos Josué 14.6-15 para compreendermos o contexto:

> Uma delegação da tribo de Judá, liderada por Calebe, filho do quenezeu Jefoné, foi a Josué
>
> NVT

em Gilgal. Calebe disse a Josué: "Lembre-se do que o Senhor disse a Moisés, o homem de Deus, a respeito de você e de mim quando estávamos em Cades-Barneia. Eu tinha 40 anos quando Moisés, servo do Senhor, me enviou de Cades-Barneia para fazer o reconhecimento da terra de Canaã. Eu voltei e lhe dei um relatório verdadeiro, mas meus irmãos israelitas que foram comigo assustaram o povo de tal maneira que eles se encheram de medo. De minha parte, segui o Senhor, meu Deus, de todo o coração. Por isso, naquele dia Moisés me prometeu solenemente: 'A terra de Canaã na qual você caminhou será herança permanente para você e seus descendentes, pois você seguiu o Senhor, meu Deus, de todo o coração'. Agora, como você vê, em todos estes 45 anos, desde que Moisés disse essas palavras, o Senhor me preservou como havia prometido, mesmo quando Israel vagava pelo deserto. Hoje estou com 85 anos. Continuo forte como no dia em que Moisés me enviou, e ainda posso viajar e lutar tão bem quanto naquela época. Portanto, dê-me a região montanhosa que o Senhor me prometeu.

> Você certamente se lembra de que, enquanto fazíamos o reconhecimento da terra, descobrimos que os descendentes de Enaque viviam ali em grandes cidades fortificadas. Mas, se o Senhor estiver comigo, eu os expulsarei da terra, como o Senhor prometeu". Então Josué abençoou Calebe, filho de Jefoné, e lhe deu Hebrom como sua porção de terra. Até hoje Hebrom pertence aos descendentes de Calebe, filho do quenezeu Jefoné, pois ele seguiu fielmente o Senhor, o Deus de Israel. Antes disso, Hebrom era chamada Quiriate-Arba, em homenagem a Arba, um grande herói dos descendentes de Enaque. E a terra descansou da guerra.

Como já vimos no capítulo 4, Josué e Calebe eram homens de fé. No texto acima, ambos já estavam velhos e ainda havia muita terra para conquistar. Calebe, então, pede justamente a cidade de Quiriate-Arba, habitada pelos enaquins, como herança. Ao olhar para a circunstância, ele percebeu uma oportunidade. Tanto é que enxergou seus inimigos como pão: "Tão somente não sejais rebeldes contra o SENHOR e não temais o povo dessa terra, porquanto, **como pão, os podemos devorar;** retirou-se deles o seu amparo; o SENHOR é conosco;

não os temais" (Números 14.9, ARA – grifo da autora). Assim, com 85 anos de idade, ele vai até lá e expulsa os descendentes de Sesai, de Aimã e de Talmai, filhos de Enaque.

Após conquistar a cidade, Calebe partiu para lutar contra os habitantes da cidade de Quiriate-Sefer. Então, disse: "[...] darei minha filha Acsa em casamento a quem atacar e tomar Quiriate-Sefer" (Josué 15.16, NVT). A Bíblia conta que Otoniel, filho de Quenaz, irmão de Calebe, tomou a cidade e, como prometido, recebeu Acsa como esposa. E, finalmente, chegamos ao ponto que desejava destacar. Em Josué 15.18-19 está escrito:

> Quando Acsa se casou com Otoniel, ela insistiu para que ele pedisse um campo ao pai dela. Assim que ela desceu do jumento, Calebe lhe perguntou: "O que você quer?". Ela respondeu: "Quero mais um presente. O senhor me deu terras no deserto do Neguebe; agora, peço que também me dê fontes de água". Então Calebe lhe deu as fontes superiores e as fontes inferiores.
>
> NVT

Sabe qual é a verdade implícita nesses versículos? A de que nossos filhos são diretamente afetados pela nossa fé. Fico imaginando Acsa ainda criança, vagando pelo deserto com sua família, pois, nas passagens que acabamos de ler, eles já estavam na terra prometida. Ou seja, ela já era uma moça casada. Contudo, gostaria que você voltasse no tempo e imaginasse uma cena: Acsa e seu pai, sentados em volta de uma fogueira no deserto. Calebe descrevendo a terra que havia espiado, sobre como o lugar manava leite e mel e como os cachos de uva eram tão grandes que precisavam ser carregados por dois homens.

Consigo imaginar os olhos de Acsa brilhando enquanto ouvia as palavras de seu pai, pensando em como seria bom provar dos frutos de Canaã. Talvez Calebe dissesse: "Essa é a nossa herança, filha. Nós entraremos lá um dia. O Senhor nos dará essa terra". Provavelmente, essa era a esperança que o fortalecia dia após dia. Assim, como era de se esperar, a fé dele gerou no coração de Acsa o desejo de possuir a terra. Quem sabe perto ali da fogueira também estivesse Otoniel, o primo com quem ela se casaria.

Acsa cresceu observando a fé do pai e também o viu pedir a Josué sua porção de terra. Ela foi contagiada pela coragem dele. Já adulta e casada, ela tomou posse de uma região ao sul, no deserto de Neguebe – uma terra árida, que não parecia promissora. Mas Acsa não aceitou ficar limitada pela aridez do lugar. Conhecendo a bondade de seu pai, ela vai até ele e, com ousadia, pede fontes de águas.

Precisamos criar filhos assim, que não tenham medo de pedir nada a Deus. Muitas vezes, o que nos impede de pedir algo ao Senhor não é falta de fé, mas a dúvida – "Será que mereço receber essa bênção?", "Será que Deus quer me abençoar? ou "Será que fiz o suficiente para ser abençoado?". Essas perguntas revelam um coração preso a algo que mencionei no capítulo 2: condenação. Aprenda com o exemplo de Acsa, ela não duvidou da bondade de seu pai, nem se sentiu indigna de se aproximar. Pelo contrário, ela confiou no amor de Calebe e fez seu pedido com ousadia.

Ela não pensou: "Ah, meu pai já me deu a região do sul, não pedirei mais nada. Já ganhei um presente, então não devo incomodá-lo com outro pedido. Seria um exagero pedir também por água". Agora, pense em quantos filhos de Deus pensam assim hoje e, consequentemente, não pedem nada, nem mesmo para sua família. Se você é filho, precisa agir como filho. Não peça pouco, mas muito. Não é arrogância, mas uma forma de honrar a Deus, pois a fé glorifica o Senhor.

Agora, sabe o que é o mais interessante? Acsa não pediu outra terra. Ela sabia que a região que havia recebido era boa – o problema não era a qualidade do solo, mas a falta de água. Ela não desprezou sua herança, não reclamou nem desejou trocar por outra coisa. Em vez disso, ela discerniu o que faltava para poder frutificar e prosperar. E você? Como tem olhado para o que Deus já lhe deu? Nós já recebemos uma terra. Sua família, por exemplo, é uma terra fértil, mas, talvez, seu casamento esteja seco. Quem sabe seus filhos estejam distantes do Senhor. Diante disso, é fácil olhar para as circunstâncias e pensar que a grama do vizinho é mais verde. No entanto, quero desafiar você a fazer como Acsa: peça por fontes de água. É disso que você precisa.

Agora, qual foi o desfecho do relato bíblico? Calebe deu muito mais do que Acsa pediu. Ele abençoou sua filha com as fontes superiores e as inferiores. Isto é: as águas que vinham da montanha e as que saíam do vale. Caso não saiba, as fontes inferiores são um símbolo do Espírito Santo, cuja unção é essencial para sermos pais segundo o coração de Deus. Precisamos dessa fonte jorrando sobre nós, e a boa notícia é que o Senhor deseja concedê-la a nós.

Temos tudo em Cristo. Não falta nada, porque essa é a nossa herança. Por isso, não fique satisfeito com a terra do sul apenas – o básico da vida cristã –, peça pelas fontes de águas. Se sua vida familiar está estagnada, seu casamento, sem esperança, ou o que quer que seja, não fique reclamando da terra seca, mas peça com fé que seu Pai mude o cenário. Já pensou chegar no Céu e descobrir que Deus tinha uma herança da qual você não tomou posse? Isso seria muito triste. Nunca se esqueça de que "agora você já não é escravo, mas filho de

Deus. E, uma vez que é filho, Deus o tornou herdeiro dele" (Gálatas 4.7, NVT). Seja, portanto, um filho ousado e não tenha medo de pedir nada ao seu Pai.

Quando eu e meu esposo fomos enviados para plantar igrejas na Itália, meu filho caçula tinha apenas 2 meses e os outros tinham 3, 5 e 7 anos. Viemos com uma equipe formada por algumas famílias, deixamos tudo para trás no Brasil e embarcamos nessa missão sem falar bem o idioma local, sem rede de apoio e sem conhecer ninguém na região. Tínhamos apenas uma palavra da parte do Senhor e fé.

Começamos uma célula que logo se multiplicou e, assim, crescemos aos poucos até realizarmos nosso primeiro culto. Hoje, somos uma linda igreja na cidade de Milão e em outras regiões da Itália. Porém, ser uma família missionária não é fácil. Sair do Brasil e recomeçar em um país estrangeiro exigiu renúncia e perseverança. Foram inúmeros desafios. Recebíamos uma ajuda financeira da igreja, mas vivíamos com o dinheiro contado. Nossa casa não tinha móveis e não havia condição para comprar nenhum.

Minha filha, que na época tinha 3 anos, queria um quarto rosa de princesa, mas tudo o que podíamos dar a ela era um colchão inflável. Mas, como uma boa mãe, pesquisei os valores de móveis para um quarto infantil na cor rosa. Encontrei alguns modelos e guardei as referências. Certo dia, enquanto orava com meus filhos na sala, senti no coração de imprimir as fotos dos quartos que havia encontrado, para orarmos juntos pedindo aquilo ao Senhor. Assim fizemos, todos os dias orávamos por um quarto rosa de princesa e, também, pelos móveis restantes da casa. Orávamos com fé, pedindo e agradecendo ao Senhor pela provisão dele.

Dias depois, recebi em minha casa uma irmã da igreja que queria conversar comigo. Ao final da conversa, ela perguntou se podia falar com a Isabella e, então, entregou um envelope para ela na minha frente. Ela disse que Jesus a havia mandado dar aquele envelope para minha filha. Inicialmente, sua intenção era entregá-lo para mim, mas o Espírito Santo a direcionou a fazer diferente. Foi algo incomum; afinal, minha filha tinha apenas 3 anos, mesmo assim, a irmã obedeceu à voz de Deus.

Quando ela foi embora, abrimos o envelope, curiosos para ver o que havia dentro, e adivinhem? Tinha notas de dinheiro – o valor exato do quarto pelo qual estávamos orando. Ficamos sem palavras. Deus desejava mostrar para uma menina de 3 anos que ele a ouvia e se importava com o sonho dela de ter um quarto rosa de princesa. Foi uma experiência que marcou nossa família para sempre.

Vivemos tantos milagres financeiros que eu poderia escrever aqui muitas páginas de testemunhos. Depois de um tempo, o Senhor mudou completamente nossa sorte, mas tudo começou com a oração de quem sabe que é amado. Acredite, não é da vontade do Senhor que você e sua família vivam na miséria e escassez. Ele deseja prosperar sua casa, mas para isso acontecer você precisa crer e orar com ousadia. Talvez você pense que coisas pequenas não têm importância para Deus, mas não se engane, ele se importa com cada detalhe da sua vida. Portanto, ore com fé, como um filho ousado que sabe que é amado pelo seu Pai.

Capítulo 7

Pais guardiões

Uma grande característica de pais que oram é que eles são verdadeiros guardiões. Enquanto nossos filhos são pequenos, temos a responsabilidade e obrigação de guardá-los. À medida que crescem, começam a ter autonomia e a fazer suas próprias escolhas, principalmente na fase adulta, quando, além de darmos conselhos, a única coisa que nos restará fazer será orar por eles. Contudo, enquanto tivermos a oportunidade de influenciá-los, precisamos fazer isso com intencionalidade. Lembre-se, oração é ação. Por isso, não seja passivo diante do que você pode fazer.

Um dos meus filhos sempre gostou muito de estudar. Aos 13 anos, ele ganhou um prêmio do prefeito da nossa cidade por ser reconhecido como o melhor aluno, não só da sua escola, mas de todas da cidade. Claro que fiquei orgulhosa. Admiro muito esse lado intelectual dele, mas, ao mesmo tempo, sempre estive atenta a isso, pois tudo na vida precisa de equilíbrio. Quando completou 14 anos, ele ingressou na escola superior, conhecida aqui na Itália como "Liceo" – é o último período antes da universidade. São no total cinco anos, e é bem intenso, em relação ao conteúdo e estudo, além de toda a influência humanista, progressista e ateísta dos livros escolares e do corpo docente.

Meu filho sempre foi muito intenso em sua vida espiritual. Desde a infância, ele teve experiências profundas com o Senhor e, até hoje, é alguém que ama a Palavra e tem um coração apaixonado por Jesus. Porém, ao ingressar nesse novo período escolar e se atolar nos estudos, comecei a observar uma mudança em seu comportamento, o que me deixou preocupada. Enquanto orava pelo meu filho, o Espírito Santo me alertava de que algo estava estranho.

Ele começou a demonstrar uma certa indiferença com as coisas espirituais. Era algo sutil, que alguém de fora não conseguiria perceber, pois ele continuava fazendo seus devocionais, servindo normalmente na igreja, não havia perdido a pureza e permanecia íntegro e cheio de virtudes. Mas comecei a notar um esfriamento quando orávamos juntos. Ele estava perdendo a intensidade que sempre teve; sua mente parecia mais racional, o que era influência do excesso de estudos na fase da vida em que ele estava.

Diante dessa situação, meu marido e eu começamos a orar e jejuar por ele. Intensificamos os cultos familiares em casa e o envolvemos em todos os eventos na igreja para que pudesse avivar seu espírito. Fazia um tempo que ele não chorava mais na presença de Deus. Sua postura estava mais apática e indiferente; ele só pensava em estudar e ler os livros que a escola recomendava. Estava nitidamente debaixo de um ataque humanista, que aos poucos estava moldando sua mentalidade para uma visão naturalista da vida.

Talvez você pense que estou exagerando. Afinal, qual o problema em estudar tanto? A questão é que se meu filho passar nas melhores universidades do mundo, mas não tiver seu olhar na Eternidade, de nada vale. De que adianta ganhar troféus e prêmios na terra e não receber o galardão do Céu? Não estamos criando filhos para viver somente 90 anos, mas para a vida eterna. Não quero que meu filho entre em Harvard e seja indiferente às coisas do Senhor. Pelo contrário, quero que ele viva seus dias com os olhos fixos em Cristo. Essa tem sido minha oração por cada um dos meus filhos.

Durante esse período, os adolescentes da igreja estavam se organizando para participarem da conferência de jovens do ministério Radicais Livres, que aconteceria em Lisboa. Meu marido comprou as passagens para levar os meninos, e ele mesmo iria junto para acompanhar o grupo. Quando saíram de casa, comecei um jejum. Lembro-me de que era uma quinta-feira, e a conferência começaria na sexta e terminaria no sábado. Passei esses dois dias orando para que meus filhos tivessem uma experiência profunda com Deus, em especial esse que mencionei para vocês.

Enquanto acompanhava a transmissão do evento, durante a última ministração do sábado, vi que haveria um momento de oração pelos jovens e eu sabia que seria algo poderoso. Naquele instante, eu estava na cozinha lavando louça e parei tudo para me ajoelhar ali mesmo e clamar ao Senhor para que meus filhos não saíssem dali do mesmo jeito que haviam chegado. Chorei muito e cri que a vida deles nunca mais seria a mesma depois daquele dia.

No domingo, quando voltaram para casa, meu filho contou que fazia tempo que não chorava como havia feito naquele sábado. Ele disse que a presença de Deus era tão forte que ele não conseguia se levantar do chão. O Senhor havia falado com ele sobre seu chamado e eu percebi que algo havia sido quebrado em sua mente. Depois, o Espírito Santo nos direcionou a tirá-lo da escola e começar a educação domiciliar, que é legalizada na Itália.

Pais podem educar seus filhos em casa se quiserem, e assim o fizemos. Não digo que todos devam fazer isso, de maneira nenhuma. De fato, não é algo para todos, mas para meu filho, essa foi a melhor escolha, e ele mudou completamente. Continua estudioso, mas fervoroso e apaixonado por Jesus. A verdade é simples, quando oramos, o Senhor nos direciona a fazer o que é melhor para cada um de nossos filhos.

Ao pensar nessa questão de pais guardiões, lembro-me da mãe de Moisés, Joquebede. Uma mulher que não temeu o decreto de um rei, não por ser forte e autossuficiente, mas por confiar em Deus. Ela foi fundamental para o cumprimento do propósito divino, não somente na vida de seu filho, mas em toda uma nação que esperava pelo livramento do Senhor. A Bíblia afirma que "pela fé, Moisés, apenas nascido, foi ocultado por seus pais, durante três meses, porque viram que a criança era formosa; também não ficaram amedrontados pelo decreto do rei" (Hebreus 11.23, ARA).

Naquela época, o povo de Israel estava subjugado por um faraó que não conhecia a Deus. Jacó e seus filhos haviam descido ao Egito durante a época em que José era governador. Porém, após a morte de Jacó e José, outro rei subiu ao trono e escravizou os israelitas. Os descendentes de Jacó cresceram em número e se tornaram uma nação forte dentro do Egito, a ponto de o faraó e os egípcios começarem a temê-los.

Por isso, os egípcios impuseram um regime cruel de escravidão sobre os israelitas, obrigando-os a fazerem trabalhos pesados na fabricação de tijolos, nas construções e plantações. Mas o faraó continuava preocupado com o crescimento do povo de Israel, que, apesar da opressão, continuava a se multiplicar. Então, ele tomou uma decisão ainda mais desumana e ordenou às parteiras que matassem os bebês que fossem meninos (cf. Êxodo 1.16).

No entanto, as parteiras serviam a Deus e não obedeceram à ordem do faraó. Ele, então, mandou chamá-las e perguntou: "[...] 'Por que vocês fizeram isso? Por que deixaram viver os meninos?'. As parteiras responderam ao faraó: 'As mulheres hebreias não são como as egípcias. São cheias de vigor e dão à luz antes de chegarem as parteiras' [...] Por isso, o faraó ordenou a todo o seu povo: 'Lancem ao Nilo todo menino recém-nascido, mas deixem viver as meninas'" (Êxodo 1.18-22).

Você pode ler toda a história nos capítulos 1 e 2 de Êxodo. Joquebede já tinha dois filhos, Miriam e Arão, mas engravidou novamente e escondeu como pôde sua gravidez. Durante os três primeiros meses de vida do menino, ela conseguiu escondê-lo. Imagino que Moisés devia sempre estar bem alimentado e dormia muito, pois seu choro não o denunciava. No entanto, chegou um momento em que ela precisou tomar uma decisão para preservar a vida de seu filho. Quantos de nós temos também nos posicionado diante das circunstâncias e afrontas do Diabo? Quantos temos guardado e intercedido por nossos filhos? Joquebede é um modelo de mãe em tempos de crise.

1. Ela se recusou a entregar seu filho à morte. Joquebede fez um cestinho de junco, pôs Moisés dentro e lançou-o nas águas do rio Nilo. Sabe o que isso significa? Que as circunstâncias adversas não mataram a esperança que ela tinha de ver seu filho viver, e essa é uma lição para qualquer pai e mãe. Não cruze os braços. Não entregue seu filho a este mundo, à depressão ou ao Diabo. Seja incansável no mundo espiritual.

2. Ela calafetou bem o cestinho, por dentro e por fora, para evitar que a água afundasse Moisés. Proteja seus filhos do que pode afundá-los neste mundo. Proteção e cuidado envolvem demonstrar e oferecer amor, seja ao disciplinar ou ao não abrir mão de princípios — isso também é proteção. Seja firme com os princípios de Deus. Não deixe seus filhos expostos à influência da televisão ou internet.

3. Ela cobriu o cesto com uma tampa. Ou seja, evitou expor Moisés. Dessa forma, o menino ficou protegido. Não exponha seus filhos. É verdade que não podemos impedir que passem por sofrimentos e desafios — afinal eles farão suas próprias escolhas em algum momento. No entanto, é possível protegê-los

dos ataques do Diabo. Podemos instruí-los em caminhos de paz e não de mal, para que tomem decisões sábias e agradem a Deus.

4. Ela orientou a filha a acompanhar o irmão de perto. Miriam, irmã mais velha de Moisés, compreendeu que seu irmão era precioso, e que Deus tinha um propósito para a vida dele. Acredite que Deus tem um propósito para seus filhos. Quantas mães têm deixado cicatrizes em seus filhos com palavras de derrota? Quantos pais, sem perceber, têm sido instrumentos de baixa autoestima? Quantas feridas são causadas por palavras ásperas? Se queremos que nossos filhos se tornem tudo o que Deus os chamou para serem, precisamos ser a voz que mais os fortalecem. Esse é, portanto, um tempo de restauração, perdão e recomeço. O primeiro caminho para a cura interior é o perdão. Comece, então, por esse caminho, Deus capacitará você a ser instrumento de motivação e incentivo para seus filhos. Acredite no potencial deles. Seja a pessoa que mais os incentiva para que cumpram o propósito de Deus.

5. Por fim, ela confiou em Deus. Talvez esse seja o maior desafio para nós, pais. Fazemos o possível para ensinar

> nossos filhos no caminho certo, mas chega um momento em que o que nos resta é confiar no Senhor. Faça sua parte e, depois, confie em Deus. Não abra mão da sua responsabilidade e sinta-se privilegiado por ter sido escolhido para cuidar de alguém que o Senhor confiou a você. Portanto, não desanime. Creia que Deus está no controle de tudo.

Todos sabemos o final da história. Moisés, o bebê que estava condenado à morte, foi encontrado pela filha de faraó, que chamou Joquebede – sem saber que ela era a mãe do menino – para que o amamentasse e cuidasse dele. Assim, Deus devolveu Moisés para os braços de sua própria mãe. Depois que ele cresceu, ela o entregou à filha do faraó para uma nova etapa em sua vida. Em tudo, Deus foi fiel.

Havia um chamado na vida de Moisés, mas ele não teria se cumprido se sua mãe não tivesse se posicionado e confiado no Senhor. Agora, olhe para sua vida e para seus filhos. Assim como Joquebede, além de orar, o que mais você pode fazer por eles? Lembre-se, oração é ação. Seja um guardião em tempos de crise. Ore, ensine, proteja. E então, confie que Deus completará a obra que ele já começou na vida deles.

Capítulo 8

A oração de Jairo

Um pai desesperado – esse era o estado de Jairo diante do quadro de morte da sua filha. Você já esteve desesperado em algum momento da vida dos seus filhos? A dor da perda de um ente querido é avassaladora, mas a dor de perder um filho é a pior que um ser humano pode sentir. Pais normais fazem o que for preciso para salvarem seus filhos. Não medimos esforços ou dinheiro. Pagamos o preço que for preciso, e entregamos até nossa própria vida para que nossos filhos possam viver. Com Jairo não foi diferente, ele estava desesperado. Veja o que a Bíblia diz:

> Tendo Jesus voltado no barco, para o outro lado, afluiu para ele grande multidão; e ele estava junto do mar. Eis que se chegou a ele um dos principais da sinagoga, chamado Jairo, e, vendo-o, prostrou-se a seus pés e **insistentemente** lhe suplicou: "Minha filhinha está à morte; vem,

Marcos 5.21-24, ARA
Grifo da autora

> impõe as mãos sobre ela, para que seja salva, e viverá". Jesus foi com ele [...].

Nesse texto, vemos o exemplo de um pai intercessor. Muitos, ao lerem esse relato, focam no milagre que Jesus realizou. Contudo, a ênfase não está no milagre em si, mas em Jairo. Ele representa cada pai e mãe que precisa da intervenção divina na vida de seus filhos. Como pais cristãos, precisamos levar a sério a intercessão e dedicar tempo para orar por nossos filhos, pois Deus confiou a vida deles a nós. Somos uma ponte que os conecta a Cristo.

Hoje, a atitude dos pais deveria ser a mesma de Jairo. Ele precisou reconhecer que havia morte em sua casa e que precisava de um milagre. Muitos pais têm perdido seus filhos de diferentes formas – alguns estão afastados do Senhor, outros, perdidos em ideologias ou lutando contra a depressão, a ansiedade etc. –, mas o que qualquer filho ou filha realmente precisa é ter uma experiência com Jesus. Jairo sabia que era disso que sua menina precisava. É por isso que precisamos orar pela salvação da nossa casa.

Você pode estar passando por um vale de morte, medo e instabilidade. De fato, existem momentos na vida em que tudo dá errado. Foi justamente a realidade com a qual Jairo se deparou; ele estava impotente diante das circunstâncias.

Talvez você também se sinta assim. Mas há algo que precisa entender: Deus não gera situações assim, ele as permite para que sua glória se manifeste. Lembre-se, a glória do Senhor se manifesta onde há fraqueza.

Jairo era alguém importante na sociedade, chefe da sinagoga, um homem de autoridade, respeito e influência. Com certeza, ele tentou de tudo para resolver o problema – talvez Jesus tenha sido a última opção. Assim como você, Jairo era um pai dedicado e certamente fez o que estava ao seu alcance para ajudá-la. No entanto, sua posição social não o ajudou. Os médicos que ele conseguiu pagar não puderam salvar sua filha. Seus amigos não puderam fazer nada e sua religiosidade demonstrou ser inútil. Então, quando todos os recursos se esgotaram, ele se lembrou de Jesus.

E você? Consegue reconhecer que seus filhos precisam do Senhor? Consegue perceber a maior necessidade da sua casa? Qual é a sua realidade no momento? Encará-la exigirá uma decisão. Jairo estava decidido a interceder por sua filha. É desse tipo de pai que esta geração precisa. Pais e mães que se colocam de joelhos em oração e clamam pelos seus. Interceder é gerar, e deve ser uma prática na vida dos pais. Precisamos orar por tudo o que envolve a vida de nossos filhos: escola, amizades, tudo. Portanto, ore todos os dias, sem cessar.

Outra questão importante é que Jairo também estava decidido a ir pessoalmente até Jesus. Ele poderia muito bem ter mandado alguém em seu lugar. Havia pessoas ao seu dispor para que pudesse delegar essa tarefa. No entanto, ele compreendeu que o clamor pela vida de sua filha deveria partir dele mesmo. Hoje, isso é um alerta para muitos pais que têm delegado a educação dos seus filhos a terceiros.

Muitos, por exemplo, transferem para a igreja a responsabilidade de evangelizar seus filhos, mas isso é tarefa dos pais – "Estas palavras que, hoje, te ordeno estarão no teu coração; tu as inculcarás a teus filhos, e delas falarás assentado em tua casa, e andando pelo caminho, e ao deitar-te, e ao levantar-te" (Deuteronômio 6.6-7, ARA). Assuma, com alegria, a missão que Deus deu a você. Interceda com fé e determinação para que os sonhos e projetos do Senhor para sua família se cumpram.

Jairo estava determinado a encontrar Jesus. A Bíblia ainda relata que havia uma multidão ao redor do Messias. Pare para pensar na dificuldade que deve ter sido atravessar aquela aglomeração de pessoas, mas Jairo não desistiu. Ele conseguiu chegar até Cristo e, então, prostrou-se aos seus pés (cf. Marcos 5.22). Imaginem a cena, uma das principais figuras da sinagoga se humilhando publicamente. Não tinha como Jesus ficar indiferente diante de tal atitude.

Podemos aprender algo com isso: o tamanho do seu desespero determina o tamanho da sua humilhação. E, quando falo de humilhação, refiro-me ao reconhecimento de nossas fraquezas e total dependência do Senhor. Jairo foi insistente em sua súplica a Jesus. Nada o impediria de ter uma resposta, e essa é uma lição para nós. Se queremos obter respostas para nossas orações, precisamos insistir até receber, bater até a porta se abrir. No entanto, nem sempre será fácil. Assim como aconteceu com Jairo, é possível nos depararmos com notícias ruins. Veja como a história continua:

> Falava ele ainda, quando chegaram alguns da casa do chefe da sinagoga, a quem disseram: "Tua filha já morreu; por que ainda incomodas o Mestre?". Mas Jesus, sem acudir a tais palavras, disse ao chefe da sinagoga: "Não temas, crê somente". Contudo, não permitiu que alguém o acompanhasse, senão Pedro e os irmãos Tiago e João. Chegando à casa do chefe da sinagoga, viu Jesus o alvoroço, os que choravam e os que pranteavam muito. Ao entrar, lhes disse: "Por que estais em alvoroço e chorais? A criança não está morta, mas dorme". E riam-se dele. Tendo ele, porém, mandado sair a todos, tomou o pai
>
> Marcos 5.35-42, ARA

> e a mãe da criança e os que vieram com ele e entrou onde ela estava. Tomando-a pela mão, disse: "Talitá cumi!", que quer dizer: "Menina, eu te mando, levanta-te!". Imediatamente, a menina se levantou e pôs-se a andar; pois tinha doze anos. Então, ficaram todos sobremaneira admirados.

Mesmo diante da pior notícia possível, Jesus disse: "Não temas, crê somente". Jairo precisou decidir entre crer nas palavras de Jesus ou dar ouvidos ao que haviam dito sobre sua filha. O mesmo acontece conosco. Jesus sempre tem uma palavra para nós em circunstâncias difíceis. Por isso, ignore as vozes contrárias e creia nas promessas que já foram liberadas sobre sua família.

A menina, de fato, havia morrido. Essa era a realidade visível, o diagnóstico humano. Mas Jesus se moveu pelo que viu? Não, ele disse o contrário, que ela só estava dormindo. Não declare morte sobre sua casa, mas vida. Declare pela fé o que você quer ver na vida dos seus filhos. Não se esqueça de que suas palavras têm poder para gerar vida ou morte (cf. Provérbios 18.21); elas são como sementes plantadas. Por essa razão, seja como Cristo. Olhe além da circunstância e profetize a vida que Deus deseja trazer sobre sua família.

A palavra que ele liberou é o suficiente para trazer à existência o que você precisa. Decida crer nas promessas do alto e gere em oração tudo o que você deseja ver na vida dos seus filhos. Não desista.

Conclusão

Deus não está à procura de oradores eloquentes ou discursos elaborados. Ele não se impressiona com palavras bonitas, frases bem construídas ou orações fervorosas. O que ele procura é um coração cheio de fé. Ainda que uma pessoa não saiba orar ou sequer consiga formular bem o que deseja dizer, se houver fé em seu coração, isso será suficiente. Afinal é a fé que move o coração do Senhor. Por intermédio dela, é possível mover montanhas e vencer o mundo. Por isso, não permita que o Inimigo a roube de você. Ele tentará semear dúvidas, gerar insegurança e fazer você acreditar que sua oração não serve para nada. Mas não se deixe enganar. Posicione-se.

Foi pela fé, por exemplo, que Ester se posicionou diante de um decreto de morte que ameaçava seu povo. Quando soube que os judeus estavam prestes a serem exterminados, ela não se desesperou nem permitiu que o medo a paralisasse. Em vez disso, convocou um jejum e oração em favor de sua nação. Depois, tomou uma decisão ousada: apresentou-se diante do rei, mesmo sabendo que, ao fazer isso sem ser chamada, poderia ser morta. Contudo, ela não recuou nem hesitou, pois compreendia que sua posição como rainha não era fruto do acaso. Todos sabemos o desfecho da história, não? Deus interveio, e por meio de Ester, um povo inteiro foi salvo da destruição.

Foi pela fé que Sifrá e Puá, as parteiras do povo hebreu na época do nascimento de Moisés, recusaram-se a obedecer ao decreto do faraó, que determinava a morte de todos os meninos hebreus recém-nascidos e, movidas pelo temor a Deus, preservaram a vida dessas crianças inocentes. Por essa razão, o Senhor foi bondoso com elas e as poupou da morte. Seus nomes significam "beleza" e "esplendor"; e, de fato, o que fizeram foi belo e esplêndido, pois resultou no livramento de muitos.

Foi pela fé que José obedeceu a Deus e fez tudo o que estava ao seu alcance para proteger Cristo. Mesmo sem compreender os desígnios divinos, ele confiou na orientação do Senhor. Quando um anjo apareceu a ele em sonho e ordenou que tomasse Maria como esposa, José não hesitou; e quando foi instruído a fugir para o Egito a fim de preservar a vida do menino Jesus, partiu imediatamente, sem questionar (cf. Mateus 1.20-24; 2.13-14). Sua prontidão em obedecer demonstra a profundidade de sua fé e a razão pela qual Deus confiou o destino de Cristo a um homem fiel.

Poderia listar inúmeros exemplos bíblicos de homens e mulheres que viveram pela fé. Noé construiu uma arca, mesmo sem nenhum sinal de chuva no céu; Abraão deixou sua terra e parentela sem saber para onde ia; Gideão, que se considerava fraco e incapaz, liderou um pequeno exército contra um inimigo numeroso; Raabe, uma mulher cananeia, creu no Deus de Israel e arriscou sua própria vida para esconder os espias hebreus; Neemias reconstruiu os muros de Jerusalém. Enfim, a lista é longa. No entanto, mais do que listar nomes, é importante compreender que essa mesma fé é requerida de nós hoje. Assim como Deus Pai confiou seu Filho Unigênito a Maria e José, ele confiou em nossas mãos o destino de nossos filhos.

Como pais, temos a responsabilidade de proteger, instruir e preparar cada um deles para que cumpram seu propósito; e tudo isso começa na oração. Não se intimide diante das afrontas do Diabo, mas se levante em favor da sua casa. Deus responderá suas orações e, no tempo certo, você verá o fruto do seu trabalho. Cada lágrima, clamor e súplica não terá sido em vão. Agora, para ajudar você, deixei a seguir algumas orações baseadas nas promessas bíblicas, para que você possa declarar tais verdades sobre sua casa todos os dias. Creio que um exército de pais intercessores está se levantando. Eu faço parte dele, e você?

Manual de oração pelos filhos

Oração por salvação

SENHOR, PROFETIZAMOS SALVAÇÃO SOBRE a vida de nossos filhos. Declaramos que terão a experiência do novo nascimento, pois a tua Palavra afirma que, se crermos em Jesus, nós e toda a nossa casa seremos salvos (cf. Atos 16.31).

Cremos em ti, Senhor, e proclamamos que tu és o Salvador da nossa família. Nossos filhos crerão em ti e serão salvos. Confiamos que terão a certeza de que são teus filhos amados e viverão experiências profundas contigo.

Declaramos que o teu amor transformará suas vidas, e eles serão testemunhas desse amor aonde quer que o Senhor os enviar.

Oramos para que tenham clareza e entendimento a respeito do plano da salvação. Pedimos que teu Espírito Santo os convença do pecado – para que reconheçam sua necessidade de um salvador –, da justiça – para que saibam que são justificados em Cristo – e do juízo – para que compreendam que Jesus levou sobre si toda a condenação que lhes pertencia e, por isso, podem ser declarados justos diante de ti.

Em nome de Jesus, declaramos que toda estrutura maligna caia por terra e toda altivez que se levantar contra o conhecimento de Deus seja anulada na mente de nossos filhos. Todo pensamento será cativo a Cristo, para que possam receber o dom da justiça e a graça redentora do Senhor.

Nossos filhos crerão com o coração e confessarão com a boca que Jesus é o Senhor de suas vidas; assim, serão salvos (cf. Romanos 10.10).

Em nome de Jesus.

Amém.

Oração por filhos que estão desviados

SENHOR, HOJE NOS COLOCAMOS diante de ti para interceder pela vida de nossos filhos. Tu não nos deste filhos para a desgraça, mas para serem ensinados por ti, e a tua Palavra declara que grande será a paz deles (cf. Isaías 54.13). Nós nos agarramos a essa promessa e profetizamos que, em nome de Jesus, assim será na vida deles.

Declaramos que nossos filhos voltarão para a tua casa, Pai, e te servirão todos os dias de suas vidas. Eles não serão mais abalados, nem se perderão no caminho. Pelo contrário, permanecerão firmes em ti, sem se desviarem, nem para a direita nem para a esquerda, mas seguirão teus caminhos até o fim.

Nossos filhos nasceram para te servir. Não os geramos para servirem o mundo e viverem segundo os prazeres da carne. Declaramos sobre eles que, onde abundou o pecado, superabundará a tua graça (cf. Romanos 5.20). Pela fé, veremos nossa descendência servindo a ti, Senhor.

Em nome de Jesus.

Amém.

Oração por proteção

SENHOR, NÓS NOS COLOCAMOS diante de ti para declararmos que nossos filhos são guardados por ti, ao saírem de casa e ao retornarem.

Pedimos que tu dês ordem aos teus anjos para que os guardem em todos os seus caminhos (cf. Salmos 91.11). Nenhum mal chegará até eles, pois estarão sob tua proteção. Não tropeçarão em nenhuma pedra, nem serão confundidos por armadilhas do Inimigo. Declaramos que o sangue de Jesus está sobre eles e, por isso, o mal não pode tocá-los, pois eles pertencem a ti, Senhor.

Livra-os de todo acidente e incidente, de toda cilada maligna armada para intentar contra suas vidas. Nada de mau prosperará contra eles, porque teus anjos os cercam e protegem dia e noite.

Ainda que tenham de passar pelo vale da sombra da morte, tu estarás com eles (cf. Salmos 23.4) e farás que tudo coopere para o bem deles (cf. Romanos 8.28). Tu és o refúgio e a habitação de cada um de nossos filhos, pois habitam em teu esconderijo e têm o teu favor. Que eles estejam no lugar certo e na hora certa (cf. Eclesiastes 9.11), debaixo da tua proteção.

Declaramos que a mente deles é guardada e seus pensamentos, protegidos contra toda seta e sofisma do Diabo. Eles são blindados pelo teu Espírito Santo; por isso, não serão enganados nem confundidos.

Em nome de Jesus.

Amém.

Oração pelas amizades

SENHOR, HOJE DESEJAMOS ORAR pelas amizades de nossos filhos. Pedimos que concedas a eles sabedoria para escolherem bem seus amigos e discernirem o que é bom e o que é ruim. Tua Palavra nos ensina que, se alguém necessita de sabedoria, deve pedi-la a ti, Senhor, que a todos dá de maneira generosa (cf. Tiago 1.5). Por isso, clamamos que dês sabedoria aos nossos filhos.

Afasta do caminho deles as más influências, todo homem mau e toda mulher má. Remove as companhias que podem desviá-los do teu propósito, Senhor. Declaramos que eles não serão influenciados, mas, ao contrário, farão a diferença por onde passarem – na escola, universidade ou trabalho, onde quer que seja. Eles serão luz neste mundo.

Oramos para que não sejam confundidos e enganados por ninguém. Que não busquem aceitação em grupos, pois já são aceitos e amados por ti. Traz essa convicção para o coração deles, a fim de que permaneçam firmes em tua verdade.

Que os olhos deles estejam sempre fixos em Jesus, o autor e consumador da nossa fé (cf. Hebreus 12.2), para que não se percam em nenhum momento. Declaramos que eles não se desviarão, mas seus passos estarão seguros em ti, Senhor. Coloque em suas vidas pessoas apaixonadas por Jesus, que vivam uma vida íntegra e temente a ti, Senhor.

Assim como Daniel, que viveu no meio de Babilônia, mas não se contaminou com o mundo da sua época, assim também será com nossos filhos. Ainda que estejam no mundo, não se contaminarão com as coisas desta terra.

Em nome de Jesus.

Amém.

Oração pela escola e pelos estudos

SENHOR, CONSAGRAMOS NOSSOS FILHOS a ti, para que sejam homens e mulheres de Deus nesta terra. Declaramos que eles têm a mente de Cristo e, assim como Jesus cresceu em estatura, graça e sabedoria diante de Deus e dos homens (cf. Lucas 2.52), nossos filhos também crescerão em graça, sabedoria e estatura.

Pedimos, Pai, que concedas a eles o favor de seus professores, para que encontrem portas abertas e oportunidades que os façam desenvolver todo o seu potencial intelectual. Que tenham acesso ao conhecimento e aos recursos necessários para se tornarem tudo aquilo que tu designaste para suas vidas.

Declaramos que eles possuem a mente de Cristo para aprender, compreender cada matéria, empreender e criar projetos inovadores. Eles são inteligentes e sábios, pois foram criados à tua imagem e semelhança (cf. Gênesis 1.26). Assim como tu és, eles também serão neste mundo (cf. 1João 4.17), e desenvolverão todo o potencial com o qual nasceram para fazer a diferença nesta geração.

Declaramos que, em nome de Jesus, toda dificuldade de aprendizagem seja superada. Que eles possam encontrar bons educadores, que ensinem com paciência e amor.

Assim como tu concedeste a Salomão sabedoria para governar com justiça, pedimos que derrames sobre nossos filhos sabedoria, inteligência e conhecimento. Profetizamos que, nos momentos de avaliações e testes na escola e faculdade, eles se lembrem de tudo o que estudaram.

Também oramos para que desenvolvam paixão pela leitura e pelo aprendizado. Cremos que nossos filhos crescerão em conhecimento e se surpreenderão com a capacidade de aprendizagem que desenvolverão.

Que toda a capacidade que tu deste a eles sirva para o cumprimento do teu propósito. Que eles estejam no centro da tua vontade e que suas vidas aqui ecoem na Eternidade.

Em nome de Jesus.

Amém.

Oração para começar a semana

SENHOR, QUEREMOS CONSAGRAR ESTA semana a ti. Colocamos cada dia em tuas mãos e pedimos que nos conduzas como família, para vivermos o melhor que tens para nós. Que sejamos guiados por ti e guardados de toda confusão e engano.

Declaramos que teremos discernimento para administrar bem os dias e as horas que tu nos confiaste. Ajuda-nos a organizar uma rotina produtiva e frutífera, a fim de que possamos fazer tudo que foi confiado a nós.

Sobre a vida de nossos filhos, declaramos que verão o teu favor em cada dia desta semana. Que em seus corações haja gratidão, em vez de reclamação.

Ensina-nos a contar os nossos dias, para que alcancemos um coração sábio (cf. Salmos 90.12). Ensina-nos também a remir o tempo e aproveitar todas as oportunidades, pois os dias são maus (cf. Efésios 5.16).

Profetizamos que o melhor ainda está por vir e que teremos uma semana abençoada.

Em nome de Jesus.

Amém.

Oração diária antes de sair de casa

QUERIDO DEUS, COLOCAMOS NOSSOS filhos diante de ti e pedimos que abençoes a saída e a chegada deles. Declaramos que tu, ó Senhor, os protegerás em todo o tempo, desde agora e para sempre (cf. Salmos 121.8). Farás com que a justiça deles brilhe como a alvorada e a sua causa resplandeça como o sol do meio-dia (cf. Salmos 37.6).

Pedimos a tua proteção e direção sobre os caminhos deles. Ordena aos teus anjos que os guardem e os livrem de todo mal, seja nas ruas, na escola, no trabalho ou em qualquer situação pela qual passarem hoje (cf. Salmos 91.11).

Guia-os, Senhor, como prometeste em tua palavra: "Confia no Senhor de todo o teu coração e não te estribes no teu próprio entendimento. Reconhece-o em todos os teus caminhos, e ele endireitará as tuas veredas" (Provérbios 3.5-6, ARA). Que eles aprendam a confiar em tua direção e a discernir tua vontade em todas as decisões que tomarem.

Agradecemos porque tu és o nosso Pastor; por isso, nada nos faltará (cf. Salmos 23.1). Que nossos filhos caminhem em segurança, cientes de que tua presença os acompanha.

Oramos para que o teu Espírito Santo os capacite a serem luz por onde forem. Em tudo o que fizerem, que possam fazer como se fosse para ti, e não para os homens (cf. Colossense 3.23).

Obrigado por tua fidelidade, Senhor.

Em nome de Jesus.

Amém.

Oração diária antes de dormir

QUERIDO DEUS, OBRIGADO POR este dia, pelo teu amor, cuidado e provisão. Antes de descansarmos, queremos entregar nossa vida, coração e pensamentos a ti, Senhor.

Guarda nossos filhos enquanto dormem. Como está escrito em Salmos 4.8, que eles se deitem em paz. Por isso, declaramos que terão um sono tranquilo, pois tu, Senhor, os fazes repousar em segurança.

Abençoa a mente e o coração deles, Senhor. Que a paz que excede todo entendimento, guarde seus corações e pensamentos (cf. Filipenses 4.7). E que essa paz os envolva, dissipando todo medo, preocupação ou ansiedade.

Pedimos que os envolvas com teu amor, pois tua Palavra nos assegura que nada poderá nos separar desse amor, que está em Cristo Jesus, nosso Senhor (cf. Romanos 8.39). Que eles saibam que estão seguros em ti.

Em nome de Jesus, que cuida de nós enquanto descansamos.

Amém.

Oração pelo terror noturno

SENHOR DEUS, TU ÉS nosso refúgio e fortaleza. Hoje, clamamos por tua proteção sobre nossos filhos nesta noite. Tu és a nossa luz e salvação, e confiamos em teu poder para livrá-los de todo medo, angústia e terror.

Tua Palavra nos assegura: "Em paz me deito e logo pego no sono, porque, Senhor, só tu me fazes repousar seguro" (Salmos 4.8, ARA). Declaramos essa verdade na vida de nossos filhos hoje.

Pedimos que tu envies anjos para acamparem ao redor deles, cercando-os de paz e livrando-os de todo mal. Que o Espírito Santo, que habita dentro deles, possa trazer calma e serenidade em meio a qualquer pesadelo.

Senhor, cobre-nos com tuas penas e sob tuas asas estaremos seguros (cf. Salmos 91.4). Por isso, que eles possam sentir tua presença afastando toda a influência das trevas, pois, onde tu estás, só há luz. Oramos para que a tua Palavra seja uma fortaleza contra qualquer espírito de medo ou aflição. Nossos filhos não se assustarão com o terror noturno, pois tu és o refúgio deles (cf. Salmos 91.5).

Que consigam descansar todas as noites, em paz e segurança, cientes de que tu os proteges. Nenhum terror noturno terá poder sobre eles, pois tu és o nosso Deus, e em ti encontramos segurança.

Em nome de Jesus, que venceu o mal e nos deu a vitória.

Amém.

Oração por cura

SENHOR, HOJE NOS ACHEGAMOS a ti em humildade e fé. Reconhecemos que tu és o Médico dos médicos, aquele que cura todas as nossas doenças. Em nome de Jesus, colocamos diante de ti nossos filhos que estão sofrendo com enfermidades. Sabemos que em ti há poder para curar e restaurar e, por isso, confiamos em tua graça e amor infinito.

Como está escrito em tua Palavra: "Certamente, ele tomou sobre si as nossas enfermidades e as nossas dores levou sobre si [...]" (Isaías 53.4, ARA). Por isso, cremos que não há doença que seja impossível para tu curares, Senhor. Pedimos que derrames tua cura sobre aqueles que amamos. Que teu poder restaurador os envolva e sare, trazendo alívio ao corpo, à mente e ao espírito.

Tu és o Deus que nos sara (cf. Êxodo 15.26), aquele que cura e restaura. Confiamos em tua Palavra, e oramos para que, segundo a tua vontade, haja cura completa. Que a tua presença se manifeste de maneira poderosa, trazendo força, consolo e saúde a cada célula, órgão e sistema do corpo de nossos filhos.

Jesus, foi pelas tuas feridas que fomos sarados (cf. Isaías 53.5). Agradecemos pelo teu sacrifício na cruz, o que tornou possível a cura física e emocional. Em nome de Jesus, repreendemos toda enfermidade e clamamos pela restauração completa da saúde de nossos filhos. Que a tua presença inunde o coração deles e traga esperança todos os dias. E que, acima de tudo, a tua vontade prevaleça em cada situação.

Confiamos em ti, pois sabemos que tu és bom, fiel e cheio de compaixão. Profetizamos cura e declaramos que nenhuma enfermidade prevalecerá sobre nossa casa.

No nome poderoso de Jesus.

Amém.

Oração por libertação dos vícios

SENHOR, EM TI COLOCAMOS toda nossa confiança e esperança, pois tu és o único que pode transformar vidas, libertar corações e curar feridas.

Hoje, levantamos nossa voz em oração pelos nossos filhos que estão aprisionados em vícios que têm roubado sua paz, alegria e propósito. Pai, clamamos, em nome de Jesus, que tu os libertes do poder dos vícios – sejam vícios eletrônicos, drogas, violência, pornografia ou qualquer outro mal que os tenha aprisionado.

Tua Palavra nos promete em João 8.36 que "se, pois, o Filho vos libertar, verdadeiramente sereis livres" (ARA). Portanto, declaramos liberdade na vida de nossos filhos.

Tu conheces o coração de cada um deles. Sabes das dores, da solidão e do vazio que, muitas vezes, leva-os a buscar consolo em vícios. Mas cremos em tua Palavra, que diz: "O Espírito do Senhor Deus está sobre mim, porque o Senhor me ungiu para pregar boas-novas aos quebrantados, enviou-me a curar os quebrantados de coração [...]" (Isaías 61.1, ARA).

O que pedimos é restauração, Senhor. Restaura a mente, o coração e a vida de nossos filhos. Envolve-os com a tua presença. Que eles sintam a tua paz, experimentem o poder da tua transformação e vivam conforme a tua vontade.

Senhor, que o teu Espírito Santo os fortaleça, a fim de que consigam resistir às tentações e encontrem liberdade em Cristo. Que se lembrem de ti e das tuas promessas, pois a tua Palavra nos assegura que não virá sobre nós tentação que não seja humana. Tu, Senhor, és um Deus fiel e não permitirás que sejamos tentados além das nossas forças (cf. 1Coríntios 10.13).

Declaramos que nossos filhos não viverão mais escravizados por aquilo que os impede de ter uma vida plena em Cristo. Em nome de Jesus, pedimos que todas as cadeias espirituais que os prendem sejam quebradas.

Abençoa nossos filhos com força para resistirem ao mal e coragem para buscarem a tua verdade. Que eles sejam guiados pelo teu amor e misericórdia, e encontrem em ti a verdadeira liberdade, pois sabemos que onde está o teu Espírito, ali há liberdade (cf. 2Coríntios 3.17).

Em nome de Jesus, cremos que a libertação é certa, que a cura acontecerá, e que nossos filhos viverão para a tua glória.

Amém.

Oração por pureza

SENHOR, TU ÉS O único que pode guardar nossos filhos em pureza e santidade. Tua Palavra nos ensina que bem-aventurados são os puros de coração, porque eles verão a ti (cf. Mateus 5.8). Por isso, pedimos que guardes o coração e a mente de nossos filhos, para que cresçam em pureza, livres das influências do mal e do pecado.

Que sua inocência seja preservada e que, em sua adolescência e juventude, eles sejam puros de coração e conservem puro o caminho que escolherem e as decisões que tomarem. Oramos para que observem a tua Palavra e andem conforme tu esperas (cf. Salmos 119.9). Que encontrem força e sabedoria para viverem segundo os teus mandamentos, buscando em ti a direção para suas vidas.

Ajuda-os a vestirem a armadura de Deus, para que fiquem firmes, cingidos com a verdade e revestidos com a couraça da justiça (cf. Efésios 6.14), consigam resistir a todas as tentações deste mundo e sejam um reflexo de Cristo.

Pedimos que os pensamentos de nossos filhos sejam puros e nobres. Que tudo o que é verdadeiro, respeitável, justo, puro, amável e de boa fama ocupe seus pensamentos (cf. Filipenses 4.8). Que os olhos deles se voltem sempre para o que é bom, e que eles se afastem do que é impuro.

Que a pureza do coração e da mente deles seja como o ouro refinado (cf. Salmos 12.6), e que eles encontrem em tua Palavra a pureza que os conduzirá pela caminhada da fé.

Abençoa e protege nossos filhos, Senhor. Guarda-os da imundícia deste mundo e fortalece-os na fé. Que cresçam em sabedoria, estatura e graça diante de ti (cf. Lucas 2.52), sempre firmados em teu amor e Palavra.

Que o teu temor os guarde na puberdade e juventude, para que não negociem a santidade. Como José, eles fugirão das tentações da carne e dirão não ao pecado. Serão preservados íntegros até o casamento, e manterão uma vida pura e piedosa.

Em nome de Jesus.

Amém.

Oração pelas virtudes

SENHOR, HOJE NOS COLOCAMOS diante de ti para pedir que nossos filhos cresçam em virtude e sabedoria, assim como Jesus cresceu (cf. Lucas 2.52). Dá-lhes discernimento e inteligência para tomarem boas decisões, guiados pelo teu Espírito Santo.

Que eles cultivem o amor, sem hipocrisia, aborreçam o mal e se apeguem ao bem (cf. Romanos 12.9). Ensina-os a te amarem acima de todas as coisas e ao próximo como a si mesmos, para que sejam luz neste mundo de trevas.

Concede-lhes paciência, pois "o amor é paciente e bondoso; não arde em ciúmes, não se exalta, não se ensoberbece (cf. 1Coríntios 13.4). Que saibam esperar o teu tempo, sem ansiedade ou pressa.

Que sigam o caminho da justiça e honestidade, pois está escrito que "o justo anda na sua sinceridade; bem-aventurados serão os seus filhos depois dele" (Provérbios 20.7, ARC). Declaramos essa verdade sobre a vida deles e oramos para que sejam exemplos de integridade e retidão, sempre fazendo o que é certo aos teus olhos.

Dá-lhes um coração humilde, como o de Cristo, que nos ensinou: "[...] aprendei de mim, porque sou manso e humilde de coração [...]" (Mateus 11.29, ARA). Que nossos filhos reconheçam sua total dependência de ti e vivam com humildade, em respeito aos outros.

Senhor, que eles tenham um espírito forte e corajoso, como tu ordenaste a Josué: "[...] Esforça-te e tem bom ânimo; não pasmes, nem te espantes, porque o Senhor, teu Deus, é contigo, por onde quer que andares" (Josué 1.9, ARC). Que, em todas as situações da vida, eles confiem em ti e se mantenham firmes e inabaláveis.

Que a tua paz esteja em seus corações, e que sejam pacificadores que a levem para onde quer que forem.

Senhor, fortalece a fé de nossos filhos, para que possam dizer como o apóstolo Paulo: "[...] Cristo vive em mim. Portanto, vivo neste corpo terreno pela fé no Filho de Deus, que me amou e se entregou por mim" (Gálatas 2.20, NVT). Que a fé deles seja inabalável.

Por fim, pedimos que vivam cheios de esperança e que, em todas as circunstâncias da vida, mantenham seus olhos fixos em ti, certos de que tu tens um plano maravilhoso para suas vidas.

Que todas essas virtudes sejam cultivadas em seus corações e que, por meio delas, eles se tornem testemunhas vivas do teu amor e graça neste mundo. Nossos filhos serão homens e mulheres virtuosos.

Em nome de Jesus.

Amém.

Oração pelo futuro profissional

PAI CELESTIAL, COLOCAMOS DIANTE de ti o futuro de nossos filhos. Sabemos que tu és o Senhor que guia nossos caminhos e que, quando colocamos nossa confiança em ti, todas as coisas cooperam para o nosso bem (cf. Romanos 8.28).

Hoje, oramos pela vida profissional de nossos filhos. Que tu os conduzas em cada passo e decisão. Como está escrito em Josué 1.8, que eles meditem na tua Palavra, de dia e noite, para que tenham prosperidade e sucesso em tudo o que fizerem. Que busquem a tua sabedoria em todas as suas escolhas, pois se algum de nós tem falta de sabedoria, deve apenas pedir e tu, Senhor, a darás de maneira abundante (cf. Tiago 1.5).

Declaramos que nossos filhos serão bem-sucedidos em tudo. Onde quer que coloquem as mãos, serão prósperos, pois em ti está a fonte de toda prosperidade e sucesso. Tu prometeste que eles seriam abençoados em tudo, desde suas colheitas até o fruto do seu trabalho. Cremos na tua promessa: "No tempo certo, o Senhor enviará chuvas de seu rico tesouro no céu e abençoará todo o trabalho que realizarem [...]" (Deuteronômio 28.12, NVT).

Profetizamos que eles comerão o melhor desta terra (cf. Isaías 1.19) e serão líderes em suas áreas, além de exemplos de integridade, diligência e excelência profissional.

Tu disseste que aquele que se agrada da tua Palavra e medita nela "[...] é como árvore plantada junto a corrente de águas, que, no devido tempo, dá o seu fruto, e cuja folhagem não murcha [...]" (Salmos 1.3). Declaramos que, assim como uma árvore frutífera, nossos filhos florescerão e darão frutos em suas carreiras profissionais.

Que, em tudo o que fizerem, o nome de Jesus seja exaltado e glorificado. Que tu, Senhor, dês a eles favor diante das pessoas que encontrarem pelo caminho. Como está escrito em Provérbios 3.4-6, que eles encontrem graça e bom entendimento aos teus olhos e aos olhos dos homens, e que tu direciones os seus passos, a fim de que sejam bem-sucedidos.

Pai, nós te agradecemos, pois tu és o nosso Provedor, aquele que dá talentos, habilidades e oportunidades. Confiamos que, com a tua ajuda, nossos filhos terão um futuro brilhante, cheio de realizações e vitória.

Em nome de Jesus.

Amém.

Oração pela futura esposa do nosso filho

SENHOR, HOJE QUEREMOS ORAR pela mulher com quem nosso filho se casará. Pedimos que tu o livres de mulheres que destroem propósitos – as tolas e insensatas. Que ele encontre uma mulher virtuosa, que ame a ti acima de todas as coisas.

Sabemos que tu tens um plano perfeito para a vida dele e da sua futura esposa, e confiamos em tua soberania para guiá-los e abençoá-los. Livra nosso filho das escolhas erradas, do erro e do engano. Que sua esposa seja sábia, temente a ti e cheia do Espírito Santo. Que ela busque a tua palavra em todos os momentos, pois conforme está escrito: "Os encantos são enganosos, e a beleza não dura para sempre, mas a mulher que teme o Senhor será elogiada" (Provérbios 31.30, NVT).

Que ela seja uma mulher de caráter, com um coração puro e cheio de compaixão e um espírito manso. Pedimos também que tu a abençoes com amor, paciência e compreensão, para que seja uma esposa fiel e dedicada. Que ela ajude meu filho a crescer em amor e fé, conforme o modelo de Cristo e a Igreja (cf. Efésios 5.25-33).

Senhor, que a tua paz guarde o coração e a mente dela, fortalecendo-a em cada desafio que possa surgir. Que ela seja uma mulher de oração, que busque em ti a direção para sua vida e para o relacionamento dos dois, lembrando-se sempre de que o amor verdadeiro vem de ti (cf. 1João 4.19).

Profetizamos que ela será como videira frutífera dentro da sua casa, e seus filhos, como brotos de oliveira ao redor da sua mesa (cf. Salmos 128.3).

Abençoa essa união futura, para que tudo aconteça conforme a tua vontade. Que, juntos, meu filho e sua esposa construam um lar fundamentado na fé, no respeito mútuo, no amor e na graça. Que ambos sejam uma bênção para o mundo, e testemunhem do teu poder transformador e do amor que emana de ti.

Em nome de Jesus.

Amém.

Oração pelo futuro marido da nossa filha

SENHOR, HOJE QUEREMOS ORAR por nossa filha. Declaramos que seu coração é guardado e que ela se casará no teu tempo. Livra-a das escolhas erradas e dos enganos do coração. Que ela saiba esperar o tempo certo.

Pedimos que seu marido seja um homem de Deus, íntegro e próspero. Entregamos em tuas mãos essa futura união e esse homem, que ainda não conhecemos, mas que tu já preparaste para ela.

A Bíblia nos ensina que quem encontra uma esposa encontra algo excelente, uma bênção do Senhor (cf. Provérbios 18.22). Oramos para que, no momento certo, o coração do homem que tu tens reservado para ela seja guiado por ti. Que ele a trate com respeito, amor e dignidade, e que ele a reconheça como a bênção preciosa que ela é.

Que o futuro marido da nossa filha seja um homem segundo o teu coração, disposto a amá-la como Cristo amou a Igreja. Que ele seja um líder espiritual, cheio de sabedoria, humildade e graça, sempre em busca da tua orientação para qualquer decisão que precisar tomar.

Pedimos que seja um homem paciente e bondoso, e que, em todas as circunstâncias, esforce-se para ser gentil e compreensivo (cf. Colossenses 3.19). Que ele seja um homem de paz, capaz de construir uma relação sólida, baseada no respeito mútuo e na confiança em ti, Senhor.

Declaramos que o futuro marido da nossa filha confiará em ti de todo o coração e reconhecerá que a base do casamento é a tua vontade e direção (cf. Provérbios 3.5-6). Que ele busque a sabedoria em tudo e que, em sua união com nossa filha, a tua presença seja sempre o alicerce.

Profetizamos que ele será sensível às necessidades emocionais e espirituais dela, que ele a tratará com respeito e sempre compreenderá a responsabilidade de ser companheiro e protetor (cf. 1Pedro 3.7). Que ele seja um homem abençoado, um líder em seu lar e um provedor fiel.

Que tu o prepares para o momento em que ele e nossa filha se encontrarem. Que, juntos, possam viver um casamento segundo o teu propósito, sendo luz um para o outro e para todos ao redor. Que o amor deles seja um reflexo do teu amor por nós, Senhor.

Profetizamos que eles formarão uma linda família e seus filhos serão benditos nesta terra.

Em nome de Jesus.

Amém.

Oração pelos filhos dos nossos filhos

SENHOR, HOJE COLOCAMOS DIANTE de ti toda a nossa descendência – nossos filhos e os filhos dos nossos filhos, aqueles que já nasceram e que ainda nascerão. Como está escrito, "[...] será abençoada a geração dos justos" (Salmos 112.2, ARA), pedimos que tu derrames tuas bênçãos sobre a próxima geração.

Pai, conforme está escrito em Êxodo 20.6, tu estendes tua misericórdia até mil gerações dos que te amam e guardam os teus mandamentos. Peço que derrames sobre nossos filhos e netos a tua misericórdia, e que a tua fidelidade seja transmitida de geração em geração, a fim de fortalecê-los na fé, no amor e no conhecimento do teu nome.

Que eles conheçam e vivam a realidade de que tu és fiel, que guardas a aliança e a misericórdia até mil gerações aos que te amam e cumprem os teus mandamentos (cf. Deuteronômio 7.9). Que eles cresçam em sabedoria e graça diante de ti, buscando sempre a tua direção para a vida.

Assim como o salmista declarou em Salmos 128.3, que os filhos dos nossos filhos sejam como brotos de oliveira ao redor da nossa mesa. Que a bênção da família se estenda de forma abundante e que, como está escrito em Isaías 44.3, tu derrames o teu Espírito sobre a nossa descendência, para que sempre andem em teu caminho.

Protege e guia os filhos dos nossos filhos em todos os momentos. Que eles sejam ensinados no caminho em que devem andar e, quando envelhecerem, não se desviem dele (cf. Provérbios 22.6).

Que a tua Palavra seja sempre luz para os seus passos e que eles sejam como árvores plantadas junto a ribeiros de águas, que dão frutos na estação certa (cf. Salmos 1.3). Que a tua paz habite em seus corações e que a tua verdade seja sempre o fundamento de suas vidas.

Consagramos nossa descendência a ti, Senhor. Abençoa-a com saúde, sabedoria, proteção e graça. Que, ao olharem para o futuro, vejam em ti esperança.

Em nome de Jesus.

Amém.

Oração por livramento

SENHOR, NÓS NOS COLOCAMOS diante de ti neste momento para pedir o teu livramento e proteção sobre a vida de nossos filhos. Tu és o nosso refúgio e fortaleza, e sabemos que, em tuas mãos, eles estão seguros, pois tu os conheces desde o ventre materno.

Tua Palavra nos garante que tu, Senhor, darás ordem aos teus anjos a respeito deles, para os guardar (cf. Salmos 91.11). Por isso, clamamos agora para que teus anjos os protejam de todo mal e perigo, tanto nos lugares visíveis quanto invisíveis. Que nenhuma arma forjada contra eles prospere, pois tu és o escudo e a fortaleza deles.

Pai, que eles encontrem refúgio e segurança em ti, pois em Provérbios 18.10 está escrito: "O nome do Senhor é uma torre forte; o justo corre para ela e está seguro". Que nossos filhos corram para ti e confiem em teu poder e fidelidade.

Livra-os de todo perigo, violência, doenças e influências negativas que possam tentar se aproximar deles.

Senhor, a Bíblia afirma que todos os nossos filhos serão ensinados por ti; por isso, grande será a paz deles (cf. Isaías 54.13). Ensina-lhes o caminho da sabedoria. Dá-lhes discernimento e proteção espiritual para que cresçam em temor e amor por ti. Que a tua paz guarde seus corações e mentes, protegendo-os das tentações e distrações deste mundo. Tu és um Deus fiel; por isso, cremos que os fortalecerá e os guardará do Maligno (2Tessalonicenses 3.3).

Oramos para que tu fortaleças nossos filhos. Que os guardes de todo mal e que o teu poder os envolva, livrando-os de qualquer ação do Inimigo. Oramos para que, em todas as situações, eles sintam a tua presença e que confiem em ti a cada passo.

Senhor, também pedimos que tu nos dês sabedoria para conduzirmos nossos filhos no caminho certo. Em Deuteronômio 6.6-7, tu nos ensinas: “Estas palavras que, hoje, te ordeno estarão no teu coração; tu as inculcarás a teus filhos, e delas falarás assentado em tua casa, e andando pelo caminho, e ao deitar-te, e ao levantar-te”. Portanto, dá-nos graça para educá-los com amor, paciência e verdade, sempre apontando-os para ti.

Em nome de Jesus, entregamos nossos filhos em tuas mãos.

Amém.

Oração para vencer a ansiedade

SENHOR, HOJE COLOCAMOS NOSSOS filhos em tuas mãos poderosas. Pedimos que tu os fortaleças e os libertes de toda ansiedade. Sabemos que tu és um Deus que cuida de nós, e que não há nada que seja grande demais para a tua mão de poder.

Tua Palavra nos ensina: “Não andeis ansiosos de coisa alguma; em tudo, porém, sejam conhecidas, diante de Deus, as vossas petições, pela oração e pela súplica, com ações de graças” (Filipenses 4.6, ARA). Portanto, que nossos filhos possam aprender a entregar tudo a ti, sem se preocuparem com o futuro. Que, em momentos de dificuldade, eles saibam confiar em ti e buscar a tua paz, que excede todo o entendimento.

Lançamos hoje sobre ti toda a nossa ansiedade, porque tu tens cuidado de nós (cf. 1Pedro 5.7). Ajuda nossos filhos a entenderem que podem lançar sobre ti toda ansiedade. Que eles possam sentir tua presença acalmando seus corações.

Declaramos que eles experimentarão tua paz, em especial nos momentos em que descansarem (cf. Salmos 4.8). Que possam dormir tranquilos, cientes de que tu és a sua rocha e segurança.

Fortalece nossos filhos com o teu Espírito de poder e coragem, Senhor. Que eles saibam que não estão sozinhos e que, com o teu amor, podem superar qualquer desafio. Eles são corajosos e caminharão firmados nessa verdade.

Pedimos que a tua paz os envolva e guarde seus corações e pensamentos em Cristo (cf. Filipenses 4.7).

Que, em meio às tempestades da vida, eles possam sentir o teu cuidado e serenidade.

Acreditamos em ti e entregamos nossos filhos em tuas mãos. Oramos para que confiem em ti e saibam que, seja qual for a situação, tu estás com eles, guiando-os e sustentando-os.

Em nome de Jesus.

Amém.

Oração para vencer o desânimo

SENHOR, COLOCAMOS NOSSOS FILHOS diante de ti e declaramos que todo desânimo na vida deles caia por terra, em nome de Jesus.

Como a tua Palavra nos promete, eles podem tudo naquele que os fortalece (cf. Filipenses 4.13); e tu és quem os fortalece. Portanto, que eles sejam renovados a cada dia, fortalecidos em seus corações e espírito. Que encontrem em ti forças para vencer todo desânimo e ansiedade que possam estar sentindo. Mesmo nos momentos difíceis, que eles se lembrem de que não estão sozinhos, pois tu és o nosso refúgio e fortaleza, socorro bem presente na angústia (cf. Salmos 46.1).

Como está escrito em Isaías 40.29, tu *dás* força ao cansado e multiplicas as forças do que não tem nenhum vigor. Portanto, dá força e coragem aos nossos filhos, para que sigam em frente, mesmo quando os problemas parecerem grandes demais. Que a tua paz inunde seus corações e mentes, e que eles encontrem em ti o descanso e consolo de que precisam.

Abençoa seus pensamentos, Pai, para que não se deixem dominar pela frustração, mas se lembrem de que tu tens um plano perfeito para cada um deles (cf. Jeremias 29.11).

Oramos para que eles confiem no tempo e nos teus cuidados, Senhor.

Em nome de Jesus, que é a nossa força e rocha.

Amém.

Oração para prosperar

SENHOR, TU ÉS UM Deus que promete prosperidade, abundância e sucesso àqueles que confiam em ti e seguem os teus caminhos. Cremos em tuas promessas, e entregamos a vida de nossos filhos em tuas mãos.

Tua Palavra nos ensina que filhos são herança do Senhor (cf. Salmos 127.3) e que "[...] o Senhor dá sabedoria, e da sua boca vem a inteligência e o entendimento" (Provérbios 2.6, ARA). Por isso, pedimos que derrames sabedoria sobre nossos filhos, para que tomem decisões que os conduzam à prosperidade, de acordo com a tua vontade.

Tu prometeste que "o justo florescerá como a palmeira, crescerá como o cedro do Líbano" (Salmos 92.12, ARA). Declaramos que nossos filhos crescerão em sabedoria, graça e favor diante de ti. Em nome de Jesus, tudo o que fizerem será próspero, conforme teu plano perfeito para suas vidas.

A bênção de Abraão está sobre eles, pois, pela fé, são herdeiros da promessa (cf. Romanos 4.16). Por essa razão, eles serão fecundos e prósperos na terra que tu lhes deste.

Tua Palavra nos ensina que, se andarmos em teus caminhos, tu abençoarás a obra de nossas mãos (cf. Deuteronômio 28.12). Que tu abençoes a obra das mãos dos nossos filhos. Que tenham sucesso em seus estudos, no trabalho e em tudo o que se propuserem a fazer, para tua honra e glória. Profetizamos que onde colocarem as mãos, haverá bênção e prosperidade.

Oramos para que a tua palavra se cumpra na vida deles; como está escrito em Jeremias 29.11: "Eu é que sei que pensamentos tenho a vosso respeito, diz o Senhor; pensamentos de paz e não de mal, para vos dar o fim que desejais" (ARA). Que a tua paz, direção e prosperidade os acompanhem, guiando-os para um futuro brilhante e abençoado.

Que eles sejam como árvores plantadas junto a ribeiros de águas (cf. Salmos 1.3) – firmes, fortes e prósperos em todas as estações da vida. Que cresçam em favor diante de ti e dos homens, e que a tua bênção os acompanhe o tempo todo.

Em nome de Jesus, oramos, gratos por tua fidelidade e certos de que tu cumprirás tuas promessas na vida de nossos filhos.

Amém.

Oração pela infância

SENHOR, DESDE QUANDO NOSSOS filhos estavam no ventre materno, tu já tinhas sonhado com a vida deles. Sabemos que tu os criaste com amor e propósito, e que as tuas promessas são eternas. Por isso, clamamos para que elas se cumpram na vida de cada um deles.

Tu disseste em tua Palavra que os filhos são herança do Senhor (cf. Salmos 127.3). Nós nos alegramos com essa herança e entregamos a infância de nossos filhos em tuas mãos. Que eles cresçam sob a tua proteção e bênção, livres de toda maldade e guiados pela tua luz.

Nós os educaremos no caminho em que devem andar, do qual não se desviarão, mesmo quando envelhecerem (cf. Provérbios 22.6). Pedimos que nos concedas sabedoria, paciência e discernimento para instruí-los conforme a tua vontade, a fim de que conheçam o teu amor e a tua verdade desde pequenos.

Tua Palavra nos diz que devemos confiar em ti com todo o nosso coração, e não nos apoiar em nosso próprio entendimento (cf. Provérbios 3.5-6). Sendo assim, entregamos a vida de nossos filhos em tuas mãos e pedimos que tu os guies e protejas de todo mal. Conduze-os pelo caminho da salvação.

Tu nos prometeste que, se pedirmos, receberemos; se buscarmos, encontraremos; e se batermos, a porta se abrirá (cf. Mateus 7.7). Clamamos por graça, proteção e sabedoria para cada um de nossos filhos. Declaramos que terão uma infância guardada por ti,

Senhor. Que desde pequenos aprendam a ouvir tua voz e sejam cheios do Espírito Santo.

Louvamos a ti, Senhor, pois tu és nosso refúgio e fortaleza e também o refúgio de nossos filhos (cf. Salmos 46.1). Que tu os cubras com teu manto de amor e os guardes de todo mal, livrando-os dos perigos deste mundo e mantendo-os seguros em teu caminho de paz.

Por fim, pedimos que nossos filhos cresçam em graça, sabedoria e estatura diante de ti e dos homens (cf. Lucas 2.52), sendo luz e sal na Terra. Que possam sempre refletir o teu caráter e levar tua mensagem de amor e redenção para todos à sua volta.

Em nome de Jesus.

Amém.

Oração pela adolescência

SENHOR, NÓS TE LOUVAMOS e agradecemos pela vida de nossos filhos. Obrigado por cada fase que viveram até aqui, em especial, pela adolescência que estão atravessando. Sabemos que tu tens um plano perfeito para cada um deles, e confiamos em ti para guiá-los e protegê-los neste tempo de transformações.

Clamamos pelo cumprimento das tuas promessas para a vida deles. Que se tornem sábios e aprendam a discernir o tempo e modo de todas as coisas. Pedimos que o teu Espírito Santo os guie, concedendo-lhes sabedoria em tudo. Que eles saibam sempre diferenciar entre o certo e o errado, o bom e o melhor, e sejam preservados no caminho da justiça.

Ensina-os a fazerem a tua vontade, pois tu és o Deus deles. Que o teu bom Espírito os guie por um terreno plano (cf. Salmos 143.10). Guia-os pelos teus caminhos de justiça e santidade, Senhor. Que eles nunca se desviem, mas que permaneçam firmes na fé e na verdade, honrando a ti, Senhor, em tudo o que fizerem.

Pedimos que a tua paz os envolva, mesmo diante das dificuldades da adolescência, pois tu guardarás em perfeita paz aquele cujo propósito está firme (cf. Isaías 26.3). Que a paz que excede todo entendimento cubra o coração de nossos filhos. Que, mesmo nas tribulações típicas dessa fase da vida, eles saibam que podem confiar em ti e encontrar segurança em teu amor.

Declaramos que eles obedecerão à tua vontade e cumprirão o teu chamado para suas vidas. Portanto, revele o teu propósito na vida de cada um de nossos filhos. Que eles sintam, desde já, o teu chamado e direção. Que, na adolescência, eles ouçam a tua voz e vivam conforme o plano que preparaste para eles.

Oramos para que sejam protegidos de toda influência negativa, e pedimos que guardes o coração e a mente deles. Que não se deixem moldar pelas influências do mundo, mas que, pela renovação da mente, busquem viver segundo a tua vontade, que é boa, agradável e perfeita (cf. Romanos 12.2).

Profetizamos que eles amadurecerão em caráter e fé, andarão com pessoas sábias e serão sábios. Cerca-os com boas companhias – amigos que os incentivem a crescer na fé e a buscar sabedoria. Que eles saibam escolher amigos que os edifiquem e que os conduzam para mais perto de ti.

Que eles experimentem a plenitude da vida em Cristo. Que o que está escrito em João 10.10 seja uma verdade na vida de nossos filhos. Dá-lhes, Senhor, uma vida plena, cheia de alegria, paz e propósito.

Pai, entregamos as vidas de cada um deles em tuas mãos. Em cada desafio da adolescência, que possam sentir a tua presença e confiar em tuas promessas.

Que nossos filhos sejam como plantas viçosas, e nossas filhas, como pedras angulares, lavradas como colunas de palácio (cf. Salmos 144.12).

Em nome de Jesus.

Amém.

Oração pela fase adulta

SENHOR, AGRADECEMOS A TI pela vida de nossos filhos. Sabemos que tu és nosso refúgio e fortaleza, e que tens um plano perfeito para cada um deles. Hoje, entregamos em tuas mãos a fase adulta de nossos filhos, pois cremos que tu continuarás a guiá-los com sabedoria, amor e graça.

Pedimos que tu os conduzas a um futuro de esperança e realização. Que eles possam entender e aceitar o teu plano, e que cada passo dado seja orientado pelo teu Espírito.

Em Provérbios 3.5-6, tu nos ensinas a confiar em ti de todo o coração e a não nos apoiarmos em nosso próprio entendimento. Pedimos que nossos filhos, à medida que crescem, aprendam a confiar em ti em tudo – na profissão, nos relacionamentos, nas decisões cotidianas.

Que reconheçam a tua presença em cada caminho que tomarem, e que tu, Senhor, endireites suas veredas.

Tua Palavra nos promete, em Filipenses 4.19, que tu supririas todas as nossas necessidades segundo as tuas riquezas em glória. Pai, cremos que tu proverás tudo o de que nossos filhos necessitarem, seja em força, sabedoria, saúde ou recursos materiais. Que eles possam sempre ver a tua mão generosa agindo em suas vidas, trazendo prosperidade, paz e segurança.

Senhor, em Isaías 41.10, tu dizes a nós: “Não temas, porque eu sou contigo; não te assombres, porque eu sou o teu Deus; eu te fortaleço, e te ajudo, e te sustento com a minha destra fiel” (ARA). Pedimos que fortaleças nossos filhos diante dos desafios que a vida adulta apresentar. Que não tenham medo, mas encontrem em ti forças para superarem todas as adversidades. Que eles saibam que, mesmo quando as dificuldades surgirem, tu estás ao lado deles, sustentando-os com a tua mão poderosa.

Declaramos sobre a vida deles o que está escrito em Salmos 37.23-24: “O Senhor firma os passos do homem bom e no seu caminho se compraz; se cair, não ficará prostrado, porque o Senhor o segura pela mão” (ARA). Pedimos que nossos filhos sigam os teus caminhos e que, mesmo quando caírem ou passarem por momentos difíceis, eles se lembrem de que tu os levantarás. Que a fé deles seja inabalável e que, a cada tropeço, reergam-se mais fortes.

Tua Palavra nos assegura que tu não nos deste um Espírito que produz temor e covardia, mas sim que nos dá poder, amor e autocontrole (cf. 2Timóteo 1.7). Portanto, pedimos que nossos filhos caminhem em poder, amor e equilíbrio. Que não se deixem dominar pelo medo, mas sejam ousados na fé, no amor e na sabedoria que vêm de ti.

Agradecemos desde já porque sabemos que, como prometeste em Mateus 7.7, se pedirmos, tu nos darás. Confiamos que tu continuarás a abençoar a vida de nossos filhos, guiando-os com graça e misericórdia, e que um dia veremos teu propósito se cumprindo na vida deles, para a glória do teu nome.

Em nome de Jesus.

Amém.

Oração por sabedoria e inteligência

QUERIDO DEUS, AGRADECEMOS POR nos confiar nossos filhos e por tua promessa de que tudo o que pedirmos em oração, se crermos, receberemos.

Neste momento, pedimos com fé que tu derrames sabedoria e inteligência sobre nossos filhos. Conforme está escrito em Tiago 1.5, "Se, porém, algum de vós necessita de sabedoria, peça-a a Deus, que a todos dá liberalmente e nada lhes impropera; e ser-lhe-á concedida" (ARA). Pedimos que a tua sabedoria os guie em todas as áreas de suas vidas – na escola, nas amizades, nas escolhas, decisões e sonhos. Que a mente deles seja iluminada pela tua verdade e que possam compreender o teu propósito em cada passo que derem.

Como está escrito em Provérbios 2.6, "Porque o Senhor dá a sabedoria, e da sua boca vem a inteligência e o entendimento" (ARA), nós clamamos por essa sabedoria que vem de ti. Que nossos filhos busquem te conhecer mais do que qualquer outra coisa, e que sejam guiados pela tua Palavra em todas as decisões que tomarem. Que eles tenham entendimento para distinguir o certo do errado e que, em tudo, lembrem-se de honrar a ti, Senhor.

Também pedimos para eles inteligência e discernimento espiritual. Que nossos filhos sejam sensíveis à tua voz e saibam discernir entre as influências do mundo e a tua direção.

Dá-lhes um coração puro e um espírito sábio, para que cresçam não só em inteligência, mas também em caráter e em amor por ti. Que a sabedoria que adquirirem seja usada para a glória do teu nome e para servirem aos outros com humildade e compaixão.

Agradecemos a ti, Senhor, por ouvires nossas orações e por estares sempre presente em nossa vida.

Confiamos em tuas promessas e sabemos que tu guiarás nossos filhos.

Em nome de Jesus.

Amém.

Oração por saúde emocional

SENHOR, AGRADECEMOS POR TUA presença em nossa vida e pela tua fidelidade. Hoje, nós nos achegamos a ti em oração para interceder pela saúde emocional de nossos filhos. Sabemos que tu és nosso refúgio e força (cf. Salmos 46.1) e que nada é impossível para ti (cf. Lucas 1.37).

Oramos para que cubras nossos filhos com paz. Que eles experimentem a tua calmaria, mesmo em meio às tempestades da vida, e que sintam tua presença sempre que forem tomados por ansiedade, medo ou insegurança.

Trazemos à memória a promessa de que nos darás um futuro cheio de esperança (cf. Jeremias 29.11) e oramos para que nossos filhos possam confiar em ti e saber que, mesmo quando se sentirem fracos ou perdidos, tu és o Bom Pastor que cuida de cada um deles (cf. João 10.11).

Tu saras corações quebrantados e curas feridas emocionais (cf. Salmos 147.3). Que, em cada momento de dor, nossos filhos possam sentir a ti curando-os, pois tu és o Deus que restaura e dá alegria (cf. Joel 2.25-26).

Oramos para que tenham uma mente renovada pela Palavra e guardada de toda a negatividade e pensamento destrutivo. Que a tua verdade seja o alicerce de suas emoções, e que eles possam viver com confiança em quem são em Cristo, certos de que são amados e valiosos para ti (cf. Isaías 43.4).

Que cresçam em sabedoria, graça e paz, e que a tua presença traga segurança e equilíbrio em todas as áreas de suas vidas. Que, em momentos de dúvida, eles se lembrem de que tu és o refúgio e fortaleza deles (cf. Salmos 46.1), e que em ti encontram proteção e restauração.

Confiamos que tu és aquele que cuida de nossos filhos com amor, e que a tua paz e alegria os acompanharão todos os dias.

Em nome de Jesus.

Amém.

Oração por crescimento espiritual

QUERIDO PAI DE AMOR, louvamos o teu nome e te agradecemos pela vida de nossos filhos, que são um presente precioso. Sabemos que foram criados por ti com um propósito eterno e que, como pais, temos a responsabilidade de guiá-los em teu caminho. Hoje, intercedemos pelo crescimento espiritual deles, confiando nas promessas da Palavra.

Que tua Palavra seja lâmpada para os pés deles e luz para seus caminhos (cf. Salmos 119.105). Que eles se alimentem do teu amor e verdade, e sempre vivam conforme a tua vontade.

Ensina-os, Senhor, a confiarem em ti de todo o coração, sem se apoiarem em seu próprio entendimento (cf. Provérbios 3.5-6).

Que eles sejam como árvores plantadas junto a ribeiros de águas, que dão o seu fruto na estação certa (cf. Salmo 1.3). Que seus corações sejam uma terra fértil para as sementes da verdade e que, com a ajuda do Espírito Santo, eles frutifiquem em bondade, amor, paciência e fé. Que, em todos os momentos, reflitam o caráter de Cristo em suas vidas.

Fortalece a fé deles, Senhor, a fim de que permaneçam firmes em tua presença, certos de que nada pode separá-los do teu amor (cf. Romanos 8.39). Que, em tudo, eles confiem em ti e busquem a tua ajuda em todo tempo.

Coloca em seus corações o desejo de buscarem primeiro o Reino dos Céus e a tua justiça (cf. Mateus 6.33). Oramos para que entendam que a verdadeira felicidade e paz vêm do teu amor, e que todas as demais coisas serão acrescentadas conforme a tua vontade.

Que o Espírito Santo os ensine a orar, a adorar e a servir com um coração humilde (cf. Romanos 8.26). Que, desde pequenos, aprendam a caminhar em comunhão contigo, sempre buscando a tua direção para tudo.

Que, ao crescerem, tornem-se luzes no mundo e sejam exemplos de fé e amor para aqueles à sua volta (cf. Mateus 5.14). Que, por meio de suas vidas, muitos possam ver o teu poder e glória, e que seus testemunhos conduzam outros a Cristo.

Em nome de Jesus, oramos por cada um de nossos filhos, crendo nas promessas da tua Palavra e confiando que tu os guardarás e os conduzirás pelo caminho da vida.

Amém.

Esta obra foi composta em *Richmond*
e impressa por Gráfica COAN sobre papel
Offset 90 g/m² para Editora Vida.